GOLDMANN

*Buch*

Die Bereitschaft zum Frieden hängt immer vom Verhalten in der Familie ab. Wenn die alltägliche Erziehung, der Umgang miteinander, auf den Prinzipien der gegenseitigen Unterstützung, dem Verständnis füreinander und der Bereitschaft, voneinander zu lernen, beruhen, ist der erste Schritt zu einem harmonischen Zusammenleben getan. *Frieden in der Familie* will verdeutlichen, wie man positive Beziehungen zwischen Eltern und Kindern aufbauen und aufrechterhalten kann und damit in der Familie die Basis schafft für offene zwischenmenschliche Beziehungen und Frieden in der großen Weltgemeinschaft.

*Autor*

Lois Dorn, Psychologin, hat über mehrere Jahre an einem Sozialprojekt der Quäker zum Thema Gewaltfreiheit in der Erziehung gearbeitet. In dem vorliegenden Buch hat sie ihre praktischen Erfahrungen zusammengetragen.
Zur Zeit arbeitet Lois Dorn am Juvenile Justice Centre in Philadelphia an einem Projekt, das Erwachsenen hilft, mit Kindern zusammen ihre Angst vor einem Atomkrieg zu bearbeiten. Lois Dorn ist in Philadelphia geboren und lebt heute in Jenkintown, Pennsylvania, USA, mit ihrem Mann und drei Söhnen.

LOIS DORN
In Zusammenarbeit
mit Penni Eldredge-Martin

# Frieden beginnt in der Familie

## Ideen und Anleitungen für ein harmonisches Zusammenleben

GOLDMANN VERLAG

Titel der Originalausgabe:
»Peace in the Familiy. A Workbook of Ideas and Actions«

Aus dem Amerikanischen übersetzt von Michaela Huber

Made in Germany · 9/86 · 1. Auflage
Genehmigte Taschenbuchausgabe

Umschlaggestaltung: Design Team München
Druck: Presse-Druck Augsburg
Verlagsnummer: 11412
Lektorat: Cornelia Richter
Herstellung: Sebastian Strohmaier
ISBN 3-442-11412-8

# *Inhalt*

*Für meine Familie ...*

*meinen Mann Manfred,*
*meine Söhne Paul, Kurt und Gregg*
*meine Eltern John und Elva Pond*

*die das Bestmögliche von mir erwarten und sich darüber freuen, und die für mich ihr Bestes geben und mich damit glücklich machen.*

# Einleitung

Kindererziehung bedeutet heute für viele Eltern eine schöne Erfahrung; andere haben eher Probleme damit. Wir leben in einer Gesellschaft, die sich so rasch verändert,daß wir kaum Schritt halten können. Viele der soziologischen und technologischen Herausforderungen, die auf unsere Kinder warten, hat es zu der Zeit, als wir aufwuchsen, noch gar nicht gegeben; und es ist oft schwierig, sie objektiv zu beurteilen und angemessen einzuschätzen. Von der neuen Mathematik zur Computer-Wissenschaft, vom Acid Rock zum Punk Rock - Eltern sind ständig gefordert, sich zu informieren und auf dem laufenden zu bleiben.

Es ist sehr eindrucksvoll, die Kinder von heute zu beobachten. Sie reifen schneller; es gelingt ihnen in kürzerer Zeit als uns damals, Fähigkeiten zu entwickeln und Informationen aufzunehmen - und sie bestehen nachdrücklicher auf ihrer Selbständigkeit. In dieser schnellebigen Zeit erwartet man von Eltern eine flexible Haltung. Sie müssen sich ständig auf neue, gesellschaftliche Situationen einlassen und ebenso auf die wachsende Lebenserfahrung und den emotionalen Zustand jedes einzelnen Familienmitglieds eingehen können wie auf dessen Beziehung zu den jeweils anderen. Und schließlich müssen sie auch noch auf die Probleme, Konflikte und Fertigkeiten reagieren, die jeder einzelne und alle zusammen in die Gemeinschaft einbringen. Alle diese Elemente zu einem wohl ausgewogenen elterlichen Erziehungsstil zu verknüpfen, der auch noch positiv und praktisch anwendbar sein soll - das ist eine enorme Aufgabe.

Wir befinden uns heute, soziologisch wie geographisch betrachtet, in einer Übergangsgesellschaft. Oft fehlt uns schmerzlich eine unterstützende Gemeinschaft, wie sie früher Familie und Nachbarschaft boten. Die Einstellungen zur Kindererziehung haben sich innerhalb weniger Generationen drastisch geändert: Vom restriktiven Erziehungsstil unserer Großeltern und vielleicht auch noch unserer Eltern nach dem Motto »Du machst, was ich sage, auch wenn ich mich selbst anders verhalte« zum permissiven »Mach, was du willst«, der vorherrschenden Ideologie der 60er und 70er Jahre. Viele Eltern finden es schwierig, einen festen Standpunkt in ihrer Erziehung zu finden, beispielsweise zum Thema Disziplin und Gehorsam. Sie sind unsicher, wie sie ein Gleichgewicht zwischen den Rechten und Bedürfnissen der Kinder und denen der Erwachsenen herstellen können.

Eine typische Zeiterscheinung ist etwa der sofortige, garantierte Erfolg, den eine »Do-it-yourself«-Psychologie propagiert. Wir ertrinken in Büchern, Fernsehsendungen und Übungskursen über *»den* richtigen Weg«,gute Eltern zu sein. Allerdings tragen solche Methoden nur zu unserer Verwirrung bei: Welchen dieser »einzig richtigen Wege« sollen wir nun gehen? Kann es bei der Verschiedenartigkeit der Verhaltensweisen gegenüber der Einzigartigkeit jedes Kindes und jedes Elternteils überhaupt *»den* richtigen Weg« geben? Trotz solcher Zweifel werden viele Eltern, die sich über ihre eigenen Fähigkeiten im unklaren sind, zu Anhängern der jeweils einen oder anderen Methode. Sie mißtrauen ihrer eigenen Intuition und befürchten, ein spontaner Ausdruck ihrer Gefühle oder Wertvorstellungen könne unangemessen und schädlich sein.

Es scheint einfacher und sicherer zu sein, Kindererziehung nach der Kochbuchmethode zu lernen, aber dabei bleiben einige Fragen offen: Wer ist für das Gelingen oder Scheitern der Methode verantwortlich? Wenn alles gut geht, war es der Mensch oder die Methode, die so erfolgreich war? Wenn etwas schief geht, hat die Methode dann versagt oder waren es die Eltern oder etwa die Kinder?

Eine Beziehung zu knüpfen und aufrechtzuerhalten, will gelernt sein. Die Beziehung zwischen Eltern und Kind ist da keine Ausnahme. Es ist sicher sinnvoll, die Unsicherheiten am Anfang einer solchen Beziehung dadurch zu verringern, daß man sich Rat in Büchern und bei Experten holt. Doch auch wenn wir begierig sind, Neues zu lernen, sollten wir nicht übersehen, was wir bereits wissen. Wir waren alle einmal Kinder. Wir haben uns alle eine Meinung darüber gebildet, was gute und was schlechte Eltern sind - schließlich haben wir da so unsere Erfahrungen gemacht.

Eltern und Kinder können ein ganzes Leben voller Einsichten und Erfahrungen miteinander teilen. Sie verfügen dabei über jede Menge Informationen aus erster Hand. Die Familie braucht, um ihre Erfahrungen, Einsichten und Liebe produktiv nutzbar machen zu können, eine gewisse zuversichtliche Grundhaltung und die Einstellung, daß auch unerwartete Ergebnisse willkommen sind. Das kostet Zeit, man muß suchen und vieles ausprobieren; das Ergebnis ist eine authentische Beziehung zwischen Eltern und Kindern, die darauf beruht, daß beide Teile sich weiter entwickeln.

Es gibt also keinen »richtigen« Erziehungsstil. Man sollte eine solch lebendige Beziehung nicht zu systematisieren versuchen. Wer Eltern und Kinder in stereotype Rollen zwängt, vergewaltigt ihre Individualität, ihre Fähigkeit, sich zu entwickeln und ihren Beitrag zur gesellschaftlichen Entwicklung zu leisten. Wo Rechte geleugnet, Selbstwertgefühle vermindert und möglicherweise sogar unterminiert werden, lernen Menschen, sich gegenseitig Gewalt anzutun und sind gleichzeitig deren Opfer.

Das Wort »Gewalt« scheint in diesem Kontext zunächst seltsam. Doch die Bürgerrechts- und die Frauenbewegungen haben deutlich gemacht, daß Gewalt nicht immer begleitet wird von psychischem Schmerz oder sichtbarer Zerstörung. Gewalt ist oft sanft, subtil und durchdringend. Diskriminierung und Gefühllosigkeit wirken sich zutiefst zerstörerisch aus und verselbständigen sich in der Entwicklung eines Menschen. Von außen nicht wahrnehmbare Verletzungen, die dadurch entstehen, daß jemand lächerlich gemacht, gleichgültig oder herablassend behandelt wird, können sich verheerend auswirken. Um das zu verhindern, müssen Erziehungs-Instanzen wie Elternhaus und Schule ganz bewußt gegen solche Einstellungen und Systeme vorgehen, die - und sei es unbeabsichtigt - Menschen unterdrükken, manipulieren, stereotyp behandeln oder abwerten. Denn solche Erziehungsstile sind nicht mehr als eigennützige Versuche, Konformität zu erzielen oder Kontrolle auszuüben. Idealerweise sollte eine Eltern-Kind-Beziehung - wie jede andere Beziehung - durch gewaltfreie Interaktion dazu führen, daß die Beteiligten sich in Harmonie persönlich weiterentwickeln. Auf diesen Grundsatz verpflichtet, hat das Programm für gewaltfreie Kindererziehung (Nonviolence and Children-Program) der Quäker in Philadelphia 1973 seine Arbeit darauf konzentriert, Familien in diesem Sinne zu bestärken und praktisch sowie emotional zu unterstützen.

Dieses Programm wurde Anfang der 60er Jahre als Reaktion auf die Bürgerunruhen jener Zeit, an denen viele junge Leute beteiligt waren, ins Leben gerufen. Dahinter steht die Philosophie der Quäker, mit gewaltfreien Mitteln für den Frieden zu kämpfen. Seither hat dieses Programm vor allem mit Studenten und Lehrern in öffentlichen und privaten Schulen im Gebiet von Philadelphia gearbeitet. Es wurden Techniken entwickelt und erprobt, auf gewaltfreiem Wege Konflikte zu lösen, Gemeinschaften aufzubauen und das Selbstwertgefühl von Menschen zu stärken.

Die Wirksamkeit und Popularität des Programms hat zur Entwicklung von Ausbildungslehrgängen geführt. In diesen Lehrgängen konnten Lehrer mit Freunden und Kollegen zusammen lernen, gemeinsam an einem Unterstützungs-Netzwerk zu arbeiten. Als gleichzeitig Lernende *und* Lehrende erlebten sie Erfolge und Rückschläge und konnten neue Ideen ausprobieren. Aufgrund der Erkenntnis, daß das erste und einflußreichste Erziehungsfeld in der Familie besteht, wurden als logischer nächster Schritt Eltern-Arbeitskreise eingerichtet. Wie bei den Lehrer-Arbeitskreisen stand dabei das Prinzip der Affirmation im Mittelpunkt. Affirmation, das heißt Bestätigung und Bekräftigung, ist so etwas wie die säkulare Bedeutung des Quäker-Konzepts »Gott in jedem Menschen erreichen«.

Das Eltern-Programm begann 1975 damit, daß eine Studiengruppe ein Jahr lang die historischen und soziologischen Perspektiven der Familie untersuchte. Dazu gehörten auch die gegenwärtigen Trends in der Eltern-Bildung. Die sieben Mitglieder dieser Gruppe hatten in unterschiedlichem Maße persönlich und beruflich mit Kindern und Familien zu tun: mehrere Lehrer waren darunter, ein Kinderbuch-Autor und eine Psychiatrie-Krankenschwester; vier der sieben hatten selbst Kinder. Wir nahmen uns vor, mehr über Aggressionen und Aggressivität in Erfahrung zu bringen - wodurch werden sie verursacht, wie kann man sie kreativ wenden, damit sie sich nicht zerstörerisch auswirken? Wir analysierten Gefühle und deren Auswirkungen, wenn sie unterdrückt oder wenn sie zum Ausdruck gebracht werden. Wir diskutierten über Macht in der Familie - wer hat sie, wer setzt sie wie ein? Mit Betroffenheit stellten wir fest, daß die meisten Eltern-Programme zwei Hauptziele hatten: Effizienz für die Eltern und Gehorsam auf Seiten der Kinder. Unser Ziel war, nach Wegen zu suchen, wie Macht innerhalb der Familie verteilt werden kann. Wir wollten aufzeigen, welchen wertvollen Beitrag Kinder zum Familiengeschehen leisten können. Eltern wie Kinder sollten ermutigt und unterstützt werden, eigene Fähigkeiten und eigenes Wissen höher zu schätzen. Im Laufe dieses Jahres, in dem wir uns regelmäßig trafen, wurde die Gruppe für uns zu einer Art Familie. Wir entwickelten einen Gemeinschaftssinn, indem wir zusammen arbeiteten und spielten. Jedes einzelne Mitglied wurde ermuntert, seine Fähigkeiten in das Gruppengeschehen einzubringen. Es gab keinen Gruppenleiter, sondern alle teilten sich die Verantwortlichkeiten für die Arbeit, die wir uns vorgenommen hatten - lesen, studieren, untersuchen, Bericht erstatten, jedes verfügbare Material über Familien sichten und bewerten. Wir lasen Texte von Rollo May, Urie Bronfenbrenner, Arlene Skolnik, Hannah Arendt, Rudolf Dreikurs, Haim Ginott, Thomas Gordon und anderen. Wir analysierten verschiedene Therapieansätze, die Transaktionsanalyse, Realitäts-Therapie oder Verhaltensmodifikation. Wir luden Referenten ein, die uns verschiedene Ansichten zum Thema Aggression oder über die veränderten Rollen von Frauen und der Familie vortrugen.

Als Hintergrund für unsere Diskussionen hatte jedes Gruppenmitglied seine eigene Lebensgeschichte erzählt. So erfuhren wir, was es für jeden von uns bedeutet hat, ein Kind zu sein und wie sich die jeweils individuelle Sicht der Eltern-Rollen und der Eltern-Kind-Beziehung herausgebildet hat. Während dieses Jahres führten wir jeder ein Tagebuch, in das wir Beobachtungen und Erkenntnisse über unsere Beziehung zu Kindern eintrugen. Bei jedem Treffen verwendeten wir einen gewissen Teil der Zeit darauf, einzelne Mitglieder, die es wünschten, aus ihrem Tagebuch vorlesen zu lassen. Wir bestätigten und feierten uns gegenseitig. Wir lachten und weinten zusammen und entwickelten jeder für sich und doch gemeinsam unser Wissen und Selbstvertrauen.

Aufbauend auf der Arbeit der Studiengruppe erweiterte das Programm für gewaltfreie Kindererziehung sein Angebot in Form von Eltern-Workshops, Seminaren und Mehrgenerationen-Arbeitskreisen für Schulen, Tagesstätten, religiöse und städtische Gemeinden. Ziel dieser Arbeitskreise war, den Menschen ihre Angst zu nehmen, sie könnten keine »guten« Eltern, Lehrer oder Freunde sein und es ihnen zu ermöglichen, ihre Beziehung zu Kindern zu überdenken. Jeder Teilnehmer wurde ermutigt, für sich die wesentlichen Fragen herauszufinden und zu beantworten: Was mache ich *richtig* ? Wann gelingt mir etwas besonders gut? Was muß ich noch lernen? Wie kann ich mich zusammen mit den Kindern entwickeln? Was kann ich von ihnen lernen?

Das Programm war zugeschnitten auf Eltern-Gruppen, Jugendliche, Schulkollegien und gemischte Eltern-Lehrer-Gruppen; ihnen allen wurden Fragen gestellt über ihre Kindheit, über ihre Erwachsenen-Kind-Beziehung, darüber, wie es für sie war, von ihren Eltern erzogen zu werden und wie sie sich selbst heute in ihrer Rolle als Eltern wahrnehmen. Wir brachten unsere Ideen ein, ermunterten die Teilnehmer, sich eigene Gedanken zu machen, hörten zu und arbeiteten die verschiedenen Standpunkte heraus - kurz, wir bemühten uns darum, theoritische Erkenntnisse aus dem Wissen und den Wahrnehmungen der Teilnehmer entstehen lassen. Einige Teilnehmer dieser

Workshops bildeten wieder Eltern-Arbeitskreise in einzelnen Stadtteilen. Sie wollten über ihr eigenes Elterndasein und die Kindererziehung zu neuen, kreativen Vorstellungen gelangen.

Dieses Buch ist das Ergebnis dieser Elternarbeitskreise. Es versucht, das gesammelte Wissen aus mehr als zehn Jahren Erfahrung mit diesen Arbeitskreisen zusammenzufassen. Man kann es benutzen als Arbeitsbuch, Übungsbuch oder Tagebuch für einzelne Eltern - oder auch als Handbuch für Arbeitskreise, in denen das hier enthaltene Material in Form eines auf dem Prinzip der Affirmation basierenden Gruppenprozesses neu durchlebt werden kann. Die ersten Kapitel dieses Buches verdeutlichen den zentralen Begriff: Affirmation (Bestätigung, Bekräftigung) als Schlüssel zur Entwicklung positiver menschlicher Beziehungen und zum Wachstum der Persönlichkeit. Vor dem Hintergrund dieser Philosophie betrachten wir anschließend, wie Menschen - sowohl Erwachsene wie Kinder - die Prinzipien der Affirmation und der Unterstützung in ihrem Alltag anwenden können: im Umgang miteinander, wenn sie Wertvorstellungen entwickeln, ein Regelsystem aufstellen und Probleme lösen.

Das Buch will praktische Hinweise darüber liefern, wie man positive persönliche Beziehungen aufbauen und aufrechterhalten kann, insbesondere solche zwischen Eltern und Kindern. Die beschriebenen Übungen und Methoden sollen dazu dienen, Ideologien über Kindererziehung einschätzen und bewerten zu lernen; sie geben Hinweise, damit jeder einzelne seinen eigenen elterlichen Erziehungsstil entwickeln, anwenden und überprüfen kann. Doch die Prinzipien der Bestätigung und Unterstützung sollten in allen zwischenmenschlichen Beziehungen Anwendung finden - in Familien, Freundesgruppen, in der Nachbarschaft, unter Kollegen und sogar zwischen Fremden.

Positive Erwartungen und Einstellungen stärken und bereichern alle Beziehungen. Doch im Vordergrund der Bemühungen steht das Ziel, Unterstützungsarbeit zu leisten für Menschen, die mit der Erziehung von Kindern zu tun haben.

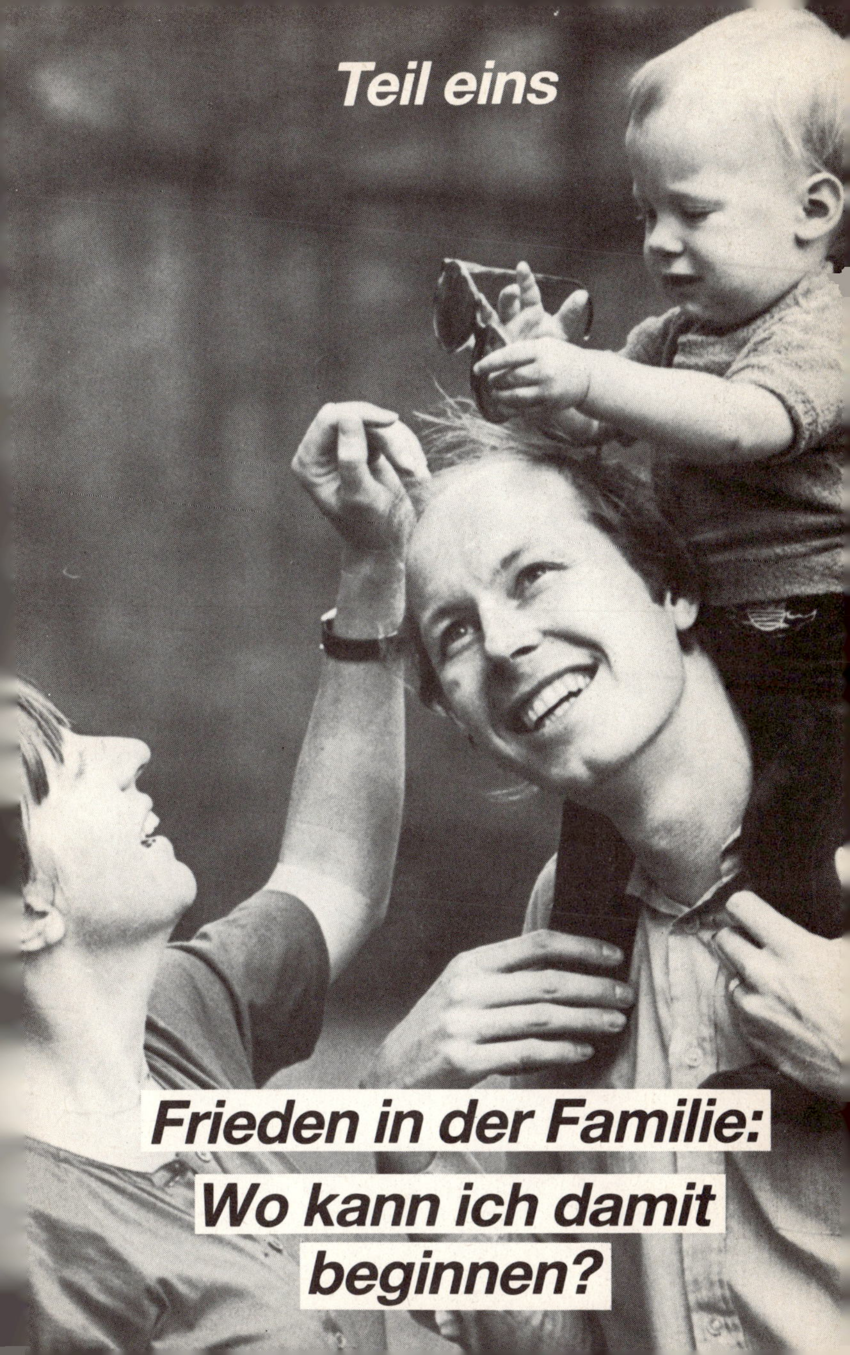
Teil eins
Frieden in der Familie:
Wo kann ich damit
beginnen?

# 1. Affirmation heißt Bestätigung

Affirmation bedeutet: nach der Überzeugung handeln, daß jeder Mensch von sich aus gut und zu allem Positiven fähig ist. Dies ist für uns der zentrale Begriff und unserer Ansicht nach wesentlich für den Aufbau von Beziehungen zwischen Eltern und Kind. Aus der Erkenntnis, daß in einer positiven Umgebung alle Lebewesen gut gedeihen, sind wir zu der Überzeugung gekommen: Kinder wie Erwachsene brauchen so etwas wie stimulierende Ermutigung und fröhliche Bestätigung. Wenn sie eine genaue Rückmeldung darüber bekommen, was sie bereits gut machen, können sie erst richtig ihre Fähigkeiten und Kräfte entfalten. Affirmation bedeutet zunächst einmal, an sich selbst zu glauben, und ist verbunden mit der tiefen Überzeugung, daß die Menschen, zu denen wir eine Beziehung haben, ein unbegrenztes Potential für Wachstum, Stärke und Schönheit besitzen. Diese Überzeugung zum Ausdruck zu bringen, schafft eine Atmosphäre der Unterstützung und bietet die Möglichkeit, sich auch tatsächlich persönlich weiterzuentwickeln.

Affirmation ist der offene und nicht manipulierend eingesetzte Ausdruck der Wertschätzung für einen Menschen; für seinen nur ihm innewohnenden Wert und seine unendlich zahlreichen Entfaltungsmöglichkeiten. Es bedeutet, danach zu suchen, was an einem Menschen ganz besonders ist. Und: dies anzuerkennen, als Tatsache damit umzugehen, ihn den anderen nicht zu umschmeicheln oder nur ein ganz bestimmtes Verhalten zu unterstützen, sondern ihm ganz allgemein Vertrauen und Ermutigung zu schenken. Menschen müssen um ihrer selbst willen geschätzt werden, damit sie das werden, was sie sein können. Beinahe jeder von uns kennt Menschen, die an uns glauben und uns das auch zeigen, die uns helfen, unsere Stärke zu erkennen, die uns bestätigen. Wenn wir uns an solche Situationen erinnern, durchleben wir noch einmal, was das für unser Selbstwertgefühl bedeutet hat.

Ich habe einmal an einem Elternarbeitskreis in einem Kindergarten teilgenommen, in dem nach einer Diskussion über das Konzept der Bestätigung die Teilnehmer sich in Paare aufteilten, um sich gegenseitig von einer Person zu erzählen, die ihnen in dieser Hinsicht in ihrer Kindheit sehr viel bedeutet hat. Mir fiel sofort eine für mich sehr wichtige Person ein, von der ich meinem Partner erzählte:

»Meine Urgroßmutter hat mich sehr in meiner Selbständigkeit bestätigt; sie hat mich gelehrt, an mich selbst zu glauben. Sie sagte immer zu mir: ›Wenn sich eine Tür schließt, öffnet sich dir eine andere.‹ Es war für sie überhaupt keine Frage, ob sie, ich oder irgend jemand sonst mit der Herausforderung fertig werden würde, die hinter der neuen Tür wartete. Nachdem ihr Mann gestorben war und ihre Kinder aus dem Haus waren, hat Oma ihr Haus verkauft, sich aller materiellen Besitztümer entledigt und sich auf die Reise begeben. Im Vertrauen auf die Gastfreundlichkeit unserer Familie, verbrachte sie einige ganz besondere Jahre in einem Haus und zog dann dankbar in das nächste. Die offene Art, wie sie jeden von uns als guten und ganz besonderen Menschen akzeptierte, machte sie stets zu einem willkommenen Gast. Sie erwartete einfach, die Menschen würden ihr freundlich und in guter Absicht begegnen - und sie rief dadurch bemerkenswerte Reaktionen hervor. Ich erinnere mich genau an den Tag, als sie zu uns kam. Sie sagte meiner Mutter, sie würde gerne eine Zeitlang bleiben. Sie brauchte nicht viel Platz, sie war kaum größer als ihr Koffer, und sie stellte wenig Ansprüche. Ihr größter Beitrag zu unserem Familienleben bestand einfach in ihrer Anwesenheit, in der Ausstrahlung ihres Glaubens und ihres guten Willens. Mit großer Geduld gab sie ihr Wissen an uns weiter: über die Bibel zum Beispiel. Sie brachte uns eine Unzahl von Liedern bei und zeigte uns, wie man häkelt. Sie interessierte sich für alles, was wir machten, und hörte uns aufmerksam zu, wenn wir über unsere täglichen Erlebnisse berichteten. Das Wichtigste aber war: Sie glaubte an uns und unterstützte jede unserer Bemühungen. Oma bestärkte sich selbst und alle Menschen um sich herum. Sie hat mir beigebracht, an Menschen zu glauben - und damit bei mir selbst anzufangen.«

## *Wer braucht Bestätigung?*

Unser Bedarf an Bestätigung nimmt kein Ende; was aufhört, ist meist nur unsere Erwartung in dieser Richtung. Obwohl wir jederzeit Bestätigung brauchen können, erhalten wir sie in der Regel recht selten; da hilft es schon zu lernen, sie selbstbewußt herauszufordern. Bei einem Kind, das sich seiner selbst versichern möchte, kommt es uns nicht merkwürdig vor, wenn es uns auffordert: »Erzähl mir noch mal, wie du krank warst und ich dir geholfen habe«, oder »Ich will noch mal hören, wie die ganze Familie zusammenkam, als ich geboren wurde, sogar Tante Luise, die extra mit dem Flugzeug von weit her kam.« Auch Erwachsene brauchen es manchmal, an ihre einzigartige Bedeutung und ihre besonderen Fähigkeiten erinnert zu werden. Völlig berechtigt können sie also zu einem Menschen gehen, dessen Unterstützung sie brauchen, und sagen: »Erzähle mir doch mal, was ich Deiner Meinung nach als Mutter besonders gut mache«; oder einfach nur: »Ich möchte mal in den Arm genommen werden!« Wer genug Bestätigung bekommt und annehmen kann, fühlt sich glücklich und sicher. Er kann dann leichter nach draußen gehen und sich den Bedürfnissen und Forderungen anderer Menschen stellen. Aus einer positiven, vertrauensvollen Einstellung heraus kann er sich dann mit Konflikten auseinandersetzen und Kompromißmöglichkeiten finden.

## *Mit Herabsetzung fertigwerden*

Das Prinzip der Affirmation steht vielem entgegen, was unsere Kultur für akzeptabel und modisch hält. So ist ein wichtiger Aspekt der Bestätigung, positive Beobachtungen und Annahmen über Menschen in Worte zu fassen. Leider gilt es heute als besonders schick, andere wie beiläufig zu kritisieren. Herabsetzende Bemerkungen gehören bei Unterhaltungen sozusagen zum guten Ton. Auch wer dem anderen etwas Nettes sagen will, bemäntelt das oft mit Zynismus oder Ironie. Beleidigungen wie »Blödmann«, »Idiot« oder »Dummkopf« werden manchmal wie Koseworte benutzt. Es fällt uns leichter, mit beißendem Spott freundlich zu sein, als geradeheraus Anerkennung oder Bewunderung zu äußern oder entgegenzunehmen. Weil wir fürchten, mißverstanden zu werden, hüten wir uns möglichst davor, etwas rundheraus Positives zu sagen. Nur ja nicht den Eindruck erwecken, man wolle Süßholz raspeln, sich einschmeicheln oder sonstwie den anderen für sich einnehmen. Und umgekehrt: Der könnte sich ja etwas darauf einbilden, könnte sich aufplustern und arrogant werden... Und so wachsen Kinder in dem Glauben heran, erwachsen zu sein bedeute, zynisch und sarkastisch andere kritisieren zu können.

Sidney Simon hat eine Übung entwickelt, die heißt »Ich bin klug und liebenswert«[1]; sie zeigt, wie sich negative Bemerkungen auswirken. Ein Hinweis: diese und die »Kopfband-Übung« (Seite 30) können starke Gefühle freisetzen. Doch wenn man dabei behutsam vorgeht, können beide Übungen Kindern und Erwachsenen helfen zu lernen, was es bedeutet, Menschen auf ganz bestimmte Weise zu behandeln.

Die Übung macht man so: Eine Person klebt sich ein Blatt Papier mit den Buchstaben IBKUL (ich bin klug und liebenswert) auf die Brust. Die Gruppenmitglieder stellen sich nun vor, derjenige sei ein Kind, das gerade zum Frühstück herunterkommt oder morgens die Klasse betritt. Sie rufen jetzt typische Kommentare, die das Kind in dieser Situation zu hören bekommt: »Du kommst schon wieder zu spät«, »Was hast du denn für ein beknacktes T-Shirt an«, »Guten Morgen!«. Jedesmal, wenn eine herabsetzende Bemerkung fällt, reißt der Träger des Schildes ein Stück des IBKUL-Zeichens ab. Bei einem positiven Kommentar klebt er ein Stück wieder an, aber dennoch bleibt eine »Narbe«, ähnlich wie sie dem eigenen Selbstbild zugefügt wird.

Wir bekommen so viel Negatives zu hören, daß es manchmal schwer fällt, den harten Bewertungen keinen Glauben zu schenken. Doch sagt uns jemand etwas Positives, kann das häufig neue Energien freisetzen. So war es auch bei Lena in Bezug aufs Rechnen. Im vierten Schuljahr hatte sie einen Lehrer, der sie einschüchterte und sich über sie lustig machte, weil sie das Einmaleins nicht beherrschte. So absolvierte sie den Rest ihrer Schullaufbahn in dem Bewußtsein, sie sei nun mal schlecht in Mathematik. Ihre Berufswünsche veränderte sie so, daß dabei ihr »Schwachpunkt« keine Rolle spielen würde. Als sie heiratete, akzeptierte sie das Versprechen ihres Mannes, sich um die gemeinsamen Finanzen zu kümmern, als einen Ausdruck seiner Liebe und Wertschätzung. Erst als sie sich in einer finanziellen Misere befand, erkannte Lena, daß sie die Kritik ihres Lehrers als Entschuldigung dafür benutzt hatte, in finanziellen Angelegenheiten keine Verantwortung zu übernehmen. Als sie gezwungen war, selbst Schecks auszufüllen, begann sie, ihr Scheckbuch zu kontrollieren, indem sie die Summen an den Fingern abzählte. Als sie sich um eine Arbeitsstelle bemühte, bekam sie einen Job angeboten, in dem Buchführungskenntnisse erwünscht waren. Sie entschloß sich, die Stelle anzunehmen, und ging schnurstracks in das nächste Kaufhaus, um einen Taschenrechner zu kaufen. Eines Tages war sie bei Budget-Besprechungen so engagiert, daß sie dabei die Angst vergaß und lebhaft in die Finanzdebatte eingriff. Plötzlich meinte ein Kollege, den sie besonders schätzte: »Lena, du hast da einen ganz entscheidenden Punkt angesprochen. Du verstehst wirklich was von Geld.« Und Lena, überglücklich, stellte fest: Er hatte recht! Das gab ihr neuen Schwung, auch ihre privaten Finanzen neu zu ordnen. Der bewußte Ausdruck von Wertschätzung, mit dem sie verantwortlich umgehen konnte, ebnete ihr den Weg, sich persönlich weiterzuentwickeln.

Alle Menschen brauchen und verdienen es, daß ihnen jemand sagt, was sie gut machen und wie sehr sie das Leben anderer Menschen bereichern. Jede Hausfrau und jeder Hausmann würde gerne einmal hören: »Was du hier alles an Arbeit machst, zeigt, wie gern du uns hast.« Jeder Jugendliche wäre glücklich über eine Bemerkung wie »Dein Schwung und deine Begeisterung sind richtig ansteckend«. Jeder Postbote wäre überrascht, aber sicher auch erfreut, wenn er oder sie einmal gesagt bekäme: »Ich freue mich, daß Sie jeden Morgen so pünktlich kommen, und ich finde es richtig nett, daß Sie immer so freundlich sind.« Gelegenheiten dieser Art gibt es sehr häufig, wichtig ist es, sie nutzen zu lernen.

Die »Silhouette«[2] ist eine kreative Möglichkeit, jemandem zu sagen, wie gern man ihn hat, und das auch noch sozusagen für die Ewigkeit festzuhalten. Die Person, um die es geht, legt sich auf ein großes Stück Packpapier oder ein altes Bettlaken, und ein anderes Gruppenmitglied zeichnet mit einem Stift ihre Umrisse drauf. Anschließend malt die Person selbst ihre Gesichtszüge auf (sie kann sich auch dabei helfen lassen) und andere typische Merkmale wie beispielsweise Kleidung. Nachdem die Gruppe sich noch einmal über das Konzept der Bekräftigung verständigt hat, setzen sich alle um die Hauptperson herum und zählen über sie so viele positive Merkmale und Eigenschaften auf, wie ihnen einfallen. Alle Aussagen, die der Grundregel »Keine herabsetzenden Bemerkungen!« entsprechen, werden auf das Papier oder Laken geschrieben. Es sollte genug Zeit

zur Verfügung stehen, damit jeder über die Person nachdenken kann, und es muß dafür gesorgt sein, daß sie die ungeteilte Aufmerksamkeit der Gruppe genießt. Eine solche Silhouette ist zum Beispiel ein schönes Geburtstagsgeschenk. Wenn sie auf ein Bettuch gemalt wurde, kann der Besitzer sie an die Wand hängen oder sich nachts darauflegen und ist so von Liebe und Wertschätzung eingehüllt.

## *Uns selbst und andere bestätigen*

Für die meisten von uns ist eine Selbst-Bekräftigung sogar noch unangenehmer als es ohnehin schon ist, anderen etwas besonders Freundliches zu sagen. Da wir dazu erzogen sind, bescheiden zu sein und unser Licht unter den Scheffel zu stellen, bedeutet eine Selbstbekräftigung zunächst einmal einen Angriff auf unser Selbstbild. Wir sind daran gewöhnt, positive Rückmeldungen herunterzuspielen mit Bemerkungen wie »Ach, das war ja gar nichts Besonderes«. Wenn man uns sagt, wie hübsch die Sachen sind, die wir anhaben, beeilen wir uns zu antworten, wie billig sie waren oder wie alt sie schon sind. Macht uns jemand ein Kompliment von der Art, wir seien klug oder sähen gut aus, versuchen wir um jeden Preis den Eindruck zu vermeiden, wir wären eitel. Daher lenken wir die Aufmerksamkeit schnell auf jemand anderes, der doch noch viel attraktiver aussieht, oder wir erzählen von unserem letzten größeren Patzer. Mit »Danke, nett, daß Sie es bemerkt haben« zu antworten, ist schier undenkbar. Wir machen uns permanent selbst zu Opfern unserer anerzogenen Bescheidenheit, indem wir unseren Wert in Frage stellen. Stolpernd vor Unsicherheit, senden wir ständig Signale aus, wir könnten nicht so fähig oder liebenswert sein, wie wir uns das insgeheim wünschen.

Da unsere Selbstzweifel in der Außenwelt wahrgenommen werden, nehmen sie allmählich sichtbare Formen an. In einem Versuch, unser immer negativer werdendes Selbstbild aufzupolieren, konzentrieren wir uns verzweifelt auf die Unzulänglichkeiten und Schwachpunkte anderer. So entwickeln Kinder, die nicht in der Lage sind, Selbstbestätigung zu erlangen, häufig eine tiefsitzende Unsicherheit, die sie ihr Leben lang nicht verläßt. Nehmen sie sich selbst als unterlegen wahr, dann wählen sie für sich selbst oft die Rolle des Opfers; sie haben dann ständig das Gefühl (und lassen es in der Tat auch zu), daß auf ihnen herumgehackt wird oder sie immerzu übergangen werden. Oder sie kompensieren ihre Unsicherheit dadurch, daß sie versuchen, andere zu Opfern zu machen, schikanieren und tyrannisieren sie, um selbst das Gefühl von Macht zu bekommen. Wenn wir nicht mehr daran glauben, stark, gut und erfolgreich zu sein, müssen wir ständig dafür sorgen, daß andere »weniger« (schlechter, schwächer) sind als wir. Diese verhängnisvolle Abwärts-Spirale kann durch das Prinzip der Bestätigung in die andere Richtung gelenkt werden.

Die eigenen Stärken und Fähigkeiten in Worte zu fassen, ist ein erster Schritt in diese Richtung. Der Prozeß des Lernens und Wachsens bedeutet zum großen Teil, ein negatives Selbstbild auszulöschen. Es fällt schwer, das Risiko auf sich zu nehmen, neue Dinge zu tun oder zu lernen, wenn man daran zweifelt, überhaupt die richtigen Voraussetzungen dazu mitzubringen. Die kreative Seite der eigenen Person nach außen zu kehren, ist dann angstauslösend, wenn man befürchtet, bei anderen Gelächter oder Pfiffe zu ernten. Doch eine positive Einstellung zu anderen - und zu uns selbst -, die sich in unseren Worten und Taten wiederspiegelt, wirkt gegen die Unterminierung des Selbstbewußtseins, die unsere Gesellschaft so erfolgreich bei uns betreibt. Eine einfache Methode, unsere Besonderheit für uns und andere zu demonstrieren, ist das persönliche »Wappen«[3]. Zeichne die Umrisse eines Wappenschildes auf ein Stück Papier. Teile das Schild in vier Felder, numeriere jedes Feld. Zeichne mit wenigen Strichen in jedes Feld ein Symbol für etwas, auf das du besonders stolz bist: etwas, worüber du besonders glücklich bist; eine schwierige Situation, die du erfolgreich gemeistert hast; ein Ziel, das du vor Augen hast; etwas an dir, das andere vermissen würden, wenn du nicht da wärst. Unter das Schild schreibst du ein Motto, das für dich typisch ist. Nimm dir ein paar Minuten Zeit, um einem Partner oder Freund dein »Wappen« zu erklären. Hänge es an einer Stelle auf, wo du und andere es sehen können oder bewahre es in deinem Tagebuch auf. (Nähere Informationen über das Tagebuchschreiben siehe Seite 167)

## *Mehr loben als tadeln*

Die Haltung der Bestätigung bedeutet, Lob und Kritik positiv zu wenden, jemandem eine aussagekräftige, durchdachte Rückmeldung seiner Fähigkeiten zu geben. Im Vergleich zu überschwenglichem Lob wird Bestätigung nicht in der Absicht ausgesprochen, sich einzuschmeicheln oder den anderen zu beeinflussen. Zwar enthält eine Bestätigung oft Informationen, die unterstützen und ermutigen sollen, doch im Gegensatz zur Kritik macht sie sich nicht über den anderen lustig oder verurteilt ihn. Immer signalisiert sie: Du bist ein wertvoller Mensch, ich glaube an dich. Sie enthält sich aber absoluter Werturteile. Um den Gegensatz zum Lob deutlich zu machen: Ein Lob enthält nur zu oft Bemerkungen, die dazu dienen sollen, sich den anderen gefügig zu machen: »Du bist Mamis kleiner Liebling, du machst dich nicht schmutzig«, »Sei ein liebes Mädchen und zeig Tante Brigitte, wie schön du Klavier spielen kannst«; oder »Du bist mein bester Freund, du wirst das doch nicht weitererzählen?!« Schmeicheleien haben einen Zuckerguß, der zunächst freudig genossen wird - bis man auf den bitteren Kern stößt. So heißt für den Empfänger eines Kompliments oft die bange Frage: »Wird man mich immer noch so gern haben, wenn ich mich einmal anders verhalte?«

Besonders Kindern fällt es schwer, zwischen Verhalten und Wesen zu unterscheiden. Ein achtlos ausgesprochenes Lob oder ein hingeworfenes Wort des Tadels kann in Kindern Gedankengänge auslösen wie: »Ich bin still - ich bin gut«; »Ich habe mein Glas Milch umgekippt - ich bin böse«. Eine Bestätigung hingegen enthält die Botschaft: »Auch wenn ich mich in verschiedenen Situationen unterschiedlich verhalte, bleibe ich doch ein wertvoller Mensch.« Demgegenüber kann sowohl Lob wie Tadel einen Menschen oft zu der Schlußfolgerung veranlassen: »Bei mir ist Hopfen und Malz verloren, da kann ich mich noch so sehr anstrengen«; oder »Ich bin schon so gut, wie ich nur sein kann, ich brauche mir also keine Mühe zu geben, noch besser zu werden«.

Einen Menschen zu bestätigen, bedeutet nicht unbedingt, ihn mit positiven Worten zu streicheln. Oft kann es durchaus heißen, ihn auf notwendige Veränderungen anzusprechen, aber auf eine taktvolle und informative Weise: »Stefan, du kannst oft schnell Zusammenhänge begreifen. Gelegentlich merken aber die Leute nicht, daß es wichtig ist, was du sagst, weil sie denken, daß du Witze machst.

Manchmal denke ich, du würdest es verdienen, ernster genommen zu werden.« Es wird also nicht nur das bekräftigt, was ist, sondern auch das, was sein könnte. Wer einen anderen bestätigt, braucht sich also nicht jeder Wertung zu enthalten; nur sollte er den anderen nicht beschämen oder einschüchtern, sondern ihn ermuntern, seine Stärken mehr zum Ausdruck zu bringen. So signalisiert man dem anderen: »Du bist mir wichtig. Ich denke über dich nach und schätze dich.«

## *Positive Erwartungen bestärken uns*

Das Konzept der Affirmation hat sehr viel mit einem gewissen Glauben an den anderen und positiven Erwartungen zu tun. Man vertraut darauf, daß der andere sich kontinuierlich weiter entwickelt. Die Stirnband-Übung[4] zeigt, wie bestimmte Erwartungen an eine Person deren Verhalten beeinflussen. Bei dieser Übung erhält jedes Gruppenmitglied ein Stirnband mit einer Rollenbezeichnung: »Organisator«, »Professor«, »Wüterich«, »Jammerlappen« und so weiter. Der jeweilige Träger weiß nicht, was auf seinem Stirnband steht. Dann gehen alle aufeinander zu, unterhalten sich und reagieren dabei auf die jeweilige »Rolle« der anderen. Dabei geschehen erstaunliche Veränderungen im Verhalten der Gruppenmitglieder untereinander. So nimmt etwa ein gewöhnlich eher passiver Mensch, der plötzlich als »Wüterich« gilt, vielleicht eine für ihn ungewöhnlich selbstsichere Pose ein - weil ihm mit Feindseligkeit und Furcht begegnet wird.

Oder eine sonst eher unsichere und nervöse Person, der auf der Stirn geschrieben steht, daß sie eine »Führerfigur« sei, stellt plötzlich fest, daß sie dauernd Entscheidungen trifft oder Ratschläge erteilt. Jeder spielt die Rolle, die ihm durch die Erwartung der anderen zudiktiert wird. Negative Vorannahmen über Fähigkeiten oder Motivation eines Gegenüber führen letztlich dazu, daß sich dessen Selbstwertgefühl und Auftreten zum Negativen hin verändert. Positive Erwartungen hingegen rufen oft eine kooperative, selbstsichere Reaktion hervor. Wenn es darum geht, im Kinderzimmer aufzuräumen, wird sich das Kind dazu eher willens und in der Lage fühlen, wenn man sagt: »So, und jetzt laß uns deine Spielsachen zusammenräumen«, als bei: »Du bist doch der letzte Chaot! Kannst du mir nicht wenigstens dabei helfen, dieses Durcheinander hier zu beseitigen?!« Die Stirnband-Übung ermöglicht einen Rollenwechsel auf Zeit und zeigt, wie sehr wir uns in unserem Verhalten von den positiven oder negativen Erwartungen unserer Umwelt leiten lassen.

Erinnern wir uns an solche Augenblicke, als andere an uns geglaubt haben (vielleicht sogar mehr, als wir selbst an uns glaubten), dann kann uns das dabei helfen, unser Selbstvertrauen wieder zu stärken und unser Bestes zu versuchen. Marlene ist eine junge Mutter. Sie kann sich noch lebhaft daran erinnern, wie wichtig es für ihre persönliche Entwicklung war, daß man ihr als Kind in einer bestimmten Situation besonderes Vertrauen schenkte: »Als ich noch klein war, ging es uns finanziell sehr schlecht. Eines Tages, als meine Mutter krank war, gab sie mir das bißchen Geld, das sie noch besaß, und bat mich, in den Lebensmittelladen zu gehen und für unsere Familie einzukaufen. Der Laden war sehr weit weg, und ich war da noch nie allein hingegangen. Ich hatte Angst, ich könnte das Geld verlieren. Ich war ziemlich klein, und die Einkaufstaschen waren wegen der Kartoffeln sehr schwer. Ich war so stolz, als ich zuhause ankam, das werde ich nie vergessen.«

## *Der eigenen Überzeugung gemäß handeln*

In der vertrauten Umgebung der Familie hat ein Kind zahlreiche Gelegenheiten, seine wachsenden Kräfte zu erproben und sich weiterzuentwickeln. Doch viele Eltern behindern diese Entwicklung; teilweise deshalb, weil sie liebevoll um das Wohl ihrer Kinder besorgt sind, teilweise aufgrund des sozialen Drucks der Außenwelt, der sie zwingt, eine bestimmte Elternrolle zu spielen. Und so bekräftigen sie zwar ihre Kinder, wenn sie davon überzeugt sind - aber sie setzen ihre Überzeugung nicht in die Tat um. Da sie gezwungen sind, sich für alle Handlungen ihrer Kinder persönlich verantwortlich zu fühlen, ist es oft verständlich, daß viele Eltern zögern, ihren Kindern neue Handlungsmöglichkeiten einzuräumen. Ein Kind, das - ohne sich etwas dabei zu denken - die unterste Büchse aus einem Konservendosen-Stapel herausnimmt, kann das Ergebnis ebenso spannend und interessant finden wie Galilei seine Entdeckung der Fallgesetze. Für seine Eltern jedoch ist es meist ein peinliches Erlebnis: Am liebsten würden sie sich in Luft auflösen, nicht ohne vorher eine Entschuldigung zu murmeln wie »Ich weiß auch nicht, wie das Kind auf sowas kommt - von mir hat es das nicht!« Damit alles möglichst reibungslos läuft, unterdrücken wir häufig Handlungsmöglichkeiten bei Kindern oder nehmen ihnen vieles ab, was sie genauso gut selbst tun könnten. »Wir wollen ja nur ihr Bestes«, und so engen wir sie ein. Wir setzen sie in den Einkaufswagen oder halten sie mit Worten im Zaum wie »Faß' das nicht an!«, »Nein, hab ich gesagt!« - statt uns die Zeit zu nehmen, mal ein Risiko einzugehen und sie dafür etwas Neues lernen zu lassen.

Viele Eltern verlangen sich übermenschliche Anstrengungen ab, weil sie ihre Rolle perfekt spielen wollen. Dabei beschneiden sie sich selbst und unterschätzen ihre Kinder.

»Nach meiner ersten Scheidung«, berichtete ein Mitglied eines Eltern-Arbeitskreises, »hatte ich Probleme damit, daß niemand da war, der mir bei der Arbeit und der ganzen Verantwortung helfen konnte. Ich war ganztags berufstätig und mußte mich abends noch um den Haushalt und meine vierjährige Tochter kümmern. Ich war dann regelmäßig wie erschlagen. Eines Abends warf ich mich aufs Sofa und schlief sofort ein. Als ich aufwachte, hatte meine Tochter uns belegte Brote gemacht: drei fingerbreit Mayonnaise und kaum Belag, aber ich fand's ganz prima. Sie zeigte mir damit, daß sie mir helfen wollte. Es ist wirklich toll, festzustellen, daß nicht gleich die Welt zusammenbricht, wenn man mal nicht alles für die Kinder macht. Wir haben uns beide darüber gefreut. Seitdem kann ich beim Kochen auf sie zählen. Ich muß nicht allein in der Küche stehen, und sie hat das Gefühl, etwas Wichtiges zu tun.«

Die Herausforderung für Eltern wie für Kinder heißt: immer wieder aufs Neue herauszufinden, welche Grenzen weiter gesteckt werden können, welche Unterstützung notwendig und wieviel Selbständigkeit sinnvoll ist. Dazu muß man viele der traditionellen Vorstellungen über Bord werfen, was »gute« Eltern und »gute« Kinder zu tun und zu lassen haben. Es gilt, ein ausgewogenes Verhältnis zwischen Festhalten und Loslassen zu finden, das es Kindern ermöglicht, unter relativ sicheren Bedingungen neue Handlungsweisen zu erproben, und es Eltern erlaubt, da unterstützend einzugreifen, wo es nötig ist.

Ein gutes Beispiel dafür, wie wichtig es ist, ein angemessenes Gleichgewicht zwischen den Bedürfnissen von Eltern und Kindern zu finden, ist das Thema Laufstall. Zweifellos gibt ein Laufstall dem Kind eine gewisse Sicherheit, insbesondere, wenn Erwachsene nicht in der Nähe sind, um in Gefahrensituationen eingreifen zu können. Im Laufstall kann das Kind außerdem für sich spielen, ohne von anderen abhängig zu sein. Doch wenn ein Kind seine ganze Zeit nur im Laufstall verbringt, kann es den Spaß und auch die

Gefahren nicht kennenlernen, die in einer größeren Umgebung auf es warten. So entwickelt es vielleicht einen Hang zum einsamen Spiel und erscheint darin durchaus selbständig; doch sein Bedürfnis nach sozialer Interaktion und gemeinsamem Spiel verkümmert.

Natürlich müssen Kinder beschützt und angeleitet werden. Aber sie brauchen auch den Freiraum, um sich selbst zu beschützen und aus eigenen Fortschritten und Fehlern lernen zu können. Auch wenn sie schon lange aus dem entsprechenden Alter heraus sind, werden manche Kinder von ihren Eltern immer noch in einem unsichtbaren Laufstall gehalten: abgeschirmt von der Freundesgruppe oder von Informationen ferngehalten, die angeblich »noch kein Thema« für sie sind: Religion, Politik, Sexualität, Drogen. Wenn man Kindern bewußt oder unbewußt zu verstehen gibt: »Du kannst damit nichts anfangen, denn dazu bist du noch viel zu klein«, entläßt man sie unvorbereitet in eine Welt, in der auch Kinder ständig Entscheidungen treffen müssen. Der sogenannte »Ernst des Lebens« wird gerade von den Kindern als besonders hart und brutal erlebt, die zu sehr behütet - also von Informationen und der Erprobung von Handlungsmöglichkeiten ferngehalten - werden. Das wiederum hat Rückwirkungen auf das Familienleben: Die Kinder sind verwirrt und frustriert, weil sie den Eindruck haben, daß ihre Eltern sie aus reinen Machtgelüsten von der Unabhängigkeit und Selbständigkeit abhalten. Es ist reichlich unfair, einerseits von Kindern zu erwarten, daß sie »groß«, also erwachsen werden, sie andererseits aber genau daran zu hindern. Wir geben uns und unseren Kindern die besseren Entfaltungsmöglichkeiten, wenn wir sie darin bekräftigen, ihre Fähigkeiten und Kentnisse zu erproben und immer wieder Neues hinzuzulernen.

## *Bestätigung heißt auch: Vertrauen haben*

Das Konzept der Affirmation hat nichts damit zu tun, daß man die Kinder sich selbst überläßt. Es hat zum Beispiel mit Bestätigung nichts zu tun, wenn man zuläßt, daß Kinder im Supermarkt mit den Einkaufswagen Go-cart-Rennen fahren. Das zeigt eher Desinteresse oder die resignative Annahme, Kinder könnten sich ohnehin nicht vernünftig benehmen. Affirmation ist also nicht mit Permissivität zu verwechseln, sondern es erfordert Vertrauen. Ein Kind, das alt genug ist, die Reihen im Supermarkt entlangzulaufen, das damit beschäftigt ist, die auf dem Einkaufszettel vermerkten Waren zu finden, entwickelt dabei nicht nur seine Fähigkeiten zu motorischer Koordination weiter, sondern übt sich gleichzeitig im Lesen und im Problemlöse-Verhalten (wie komme ich da oben dran?), erprobt seine sozialen und kommunikativen Fähigkeiten (soll ich jemanden holen, der mir hilft?) - und hat nicht zuletzt den berechtigten Eindruck, etwas Wichtiges für die Familie zu tun und dabei deren Vertrauen zu genießen. Beide Seiten können auf diese Weise nur gewinnen. Wie äußert sich nun das »nötige Vertrauen«? Es ist eine Kombination aus dem Glauben an die Fähigkeit des anderen und der Bereitschaft, ihm bei Bedarf mit Rat und Tat zur Seite zu stehen; es bedeutet, Zeit und Informationen bereit zu stellen und dem anderen neue Möglichkeiten zu eröffnen. Wenn ein Kind zum Beispiel schlecht in Mathematik ist, genügt es nicht, es mit einem »Ich weiß, du kannst das!« zu ermuntern - man muß ihm auch zeigen, *wie* es geht. Was Kinder brauchen, ist Ermutigung, Unterstützung und die Möglichkeit, auf einen anderen Menschen zurückgreifen zu können, der auf Erfolge hinweist. Einen Menschen, der zu weiteren Anstrengungen ermuntert und soviel Hilfe und Informationen beisteuert, wie gerade notwendig ist.

## *Uns selbst als Eltern bestätigen*

Eltern sind mehr als nur Repräsentationsfiguren der Familie. Sie müssen sich auch selbst als wertvolle, talentierte Erzieher ihrer Kinder erleben können. Es ist wichtig, daß Eltern die Bedeutung ihrer eigenen Lebenserfahrung so einschätzen, daß sie daraus Einsichten und Wissen schöpfen können, um es mit ihren Kindern zu teilen. Das gleiche gilt auch umgekehrt: Was sich bei unseren Kindern an Einsichten und Erkenntnissen bildet, sollten wir ebenfalls positiv bewerten und anerkennen. Wenn wir uns der Tatsache bewußt sind, daß jeder Mensch und jede zwischenmenschliche Beziehung einzigartig ist, können wir uns auch der Eltern-Kind-Beziehung mit dem Respekt, der Selbstsicherheit und der Begeisterung von Pionieren widmen. Um den Herausforderungen dieses jeweils neuen Abenteuers gewachsen zu sein, müssen wir die von uns als positiv erlebten Fähigkeiten, Informationen und Intuitionen auch für uns selbst schätzen lernen.

---

**Anmerkungen**

1. *Sidney B. Simon:* I am Loveable and Capable (Niles, III.: Argus Communications, 1973)
2. *Harold C. Wells und Jack Canfield:* One Hundred Ways to Enhance Self Concepts in the Classroom: A Handbook for Teachers and Parents (Englewood Cliffs, N.J.: Prentice-Hall, 1976), S. 159; und *Robert C. Hawley und Isabel Hawley:* Developing Human Potential: A Handbook of Activities for Personal and Social Growth (Amherst, Mass.: ERA Press, 1975), S.35
3. Siehe *Sidney B. Simon, Leland W. Howe und Howard Kirschenbaum:* Values Clarification, S. 278-80 (siehe Literaturverzeichnis); und *Harold C. Wells und Jack Canfield* (a.a.O.), S. 51
4. Entwickelt von Erline Sloane, Affective Education Department, Philadelphia Board of Education

# 2.
# *Die Kunst, Unterstützung zu geben und anzunehmen*

Gerade Familien haben ein besonderes Bedürfnis nach bestätigender Unterstützung. Kinder brauchen Ermutigung und Hilfe, um sich in das Abenteuer neuer Erfahrungen und Handlungen stürzen zu können. Genauso brauchen Eltern in ihrer Rolle »Wenn du etwas lernen willst, dann bring es anderen bei« die Rückversicherung, daß sie auf aktive Unterstützung durch andere rechnen können. Viele Mütter und Väter haben ständig das Gefühl: »Es war noch nie so schwer, Kinder zu erziehen, als gerade heute.« Im Wissen um die sich ständig verändernden sozialen Bedingungen in unserer Gesellschaft erhält das Eltern-Dasein immer eine besondere Dringlichkeit und einzigartige Brisanz, denn *Sie* sind schließlich die Eltern, und *Ihre* Kinder müssen mit all dem fertigwerden! Die Beziehung zwischen Eltern und Kindern hat immer etwas sehr Verletzliches. Sie bedeutet, sich selbst so intensiv wie nirgendwo sonst emotional und kreativ einzubringen. Es ist sozusagen der permanente Ernstfall, der nur zu oft selbstquälerische Zweifel hervorruft und das Gefühl, angemessen und richtig zu handeln, manchmal ins Nichts schwinden läßt.

Das Konzept der Bestätigung beinhaltet, fürsorgliche Unterstützung zu geben und anzunehmen. Diese Unterstützung beruht auf dem Glauben, daß jeder Mensch von Natur aus unermeßlich reich an Fähigkeiten ist; sie macht diese Fähigkeiten nutzbar, und stellt es dem anderen frei, seine Möglichkeiten und Reaktionen voll zur Entfaltung zu bringen. Eine solche Unterstützung, die eine persönliche Weiterentwicklung fördert, muß sorgfältig gewählt werden. Denn sie soll den anderen bestärken und gleichzeitig dessen eigene Einsichten und Stärken hervorbringen helfen. Das Ausmaß der Unterstützung muß sich nach dem tatsächlichen Bedarf richten, denn eine Übertreibung verhindert eher, daß der andere sich eigenverantwortlich weiterentwickeln kann. Manche Menschen glauben, jemanden zu unterstützen bedeute, für alle seine Bedürfnisse aufzukommen. Andere verstehen darunter so etwas wie eine fröhliche Aufmunterung, vielleicht sogar ohne jede Verpflichtung, dem anderen wirklich tatkräftig zu helfen. Überall in der Gesellschaft gibt es Organisationen und Institutionen, die von sich behaupten, Menschen zu unterstützen, sie in Wahrheit aber unterwerfen und beherrschen. Eine angemessene Unterstützung aber verletzt einen Menschen nie in seinem Selbstwertgefühl und behindert ihn auch nicht darin, dazuzulernen und sich weiterzuentwickeln. Sie bestärkt, ohne zu bevormunden.

Als angehende Erzieherin in einem Montessori-Kindergarten lernte ich einiges über die Möglichkeiten und Grenzen fürsorglicher Unterstützung. Ursprünglich hatte mich die Montessori-Erziehung schon bei meinen eigenen Kindern fasziniert. Ich fand, daß ihr Grundsatz - das Lernen gehört dem Kind, Erwachsene sollten den Prozeß nur beobachten und leiten, aber niemals eingreifen - Kinder sehr respektiert und eigenständiges Verhalten bei ihnen stärkt. Als ich jedoch als Erzieherin arbeitete, begann ich zu verstehen, was es bedeutet, die manchmal nur sehr ungenau definierte Grenze zwischen Unterstützen und Eingreifen für sich selbst jeweils festzulegen.

Eine der ersten Aufgaben für die Kinder in unserem Kindergarten bestand darin zu lernen, sich selbst den Mantel anzuziehen - ein Symbol für neugewonnene Freiheit. Für mich als Erzieherin aber wurde es eine Lektion über die wandelbaren Formen und wahren Eigenschaften dieses Begriffes der Unterstützung. Um sich selbst den Mantel anzuziehen, breitet das Kind ihn auf dem Boden aus, die Ärmel liegen neben dem geöffneten Vorderteil. Dann stellt es sich an das Kragenende, gleitet mit den Händen in die Ärmel und wirft mit einem Schwung den Mantel über den Kopf - fertig.

So einfach das klingt und auch ist - viele Kinder stellten sich zum Beispiel an das falsche Mantelende und stellten sich damit buchstäblich selbst ein Bein bei dem Versuch, den neuen Akt der Selbständigkeit zu vollziehen. Diejenigen Kinder, die den Trick sofort raushatten, zeigten ihn in der Regel den anderen voller Stolz. Handelte es sich aber um Freunde, dann zögerte der eine meist, es dem anderen beizubringen, und dieser schien das auch nicht zu erwarten. Als Erwachsene war ich jetzt in der Zwickmühle. Die frustrierten Kinder betrachteten mich als jemanden, der »das kann«, und ich war nur zu gern bereit, ihren flehentlichen Bitten zu entsprechen und ihnen in den Mantel zu helfen - schließlich war es schon spät und alle hatten Hunger. Andererseits hielt ich die Kinder auf diese Weise in meiner Abhängigkeit. Meine Aufgabe bestand also darin, in der Nähe zu bleiben und sie zu ermuntern, es selbst zu schaffen. Manchmal war es wichtig, den einen oder anderen Hinweis zu geben, etwa »Ich glaube, es ist besser, wenn du dich auf die Seite stellst, wo der Kragen ist«, oder anzubieten: »Möchtest du, daß ich dir noch mal zeige, wie es geht?«

Ein Kind, das mir besonders ans Herz gewachsen war, schien den Mantel-Trick absolut nicht zu begreifen. Heike war ein merkwürdiges kleines Mädchen, das ständig mit laufender Nase und nassen Hosen herumlief und eine weinerliche Stimme hatte. Ihre Mutter nannte sie lachend »meine Transuse« und verglich sie immer in recht drastischer Weise mit ihrer älteren Schwester, die natürlich immer alles besser konnte. Der Mutter war die »Tranigkeit« ihrer Tochter so peinlich, daß sie es sich angewöhnt hatte, ihr alles abzunehmen. Erstaunlicherweise verlor Heike nie die Überzeugung, daß sie das alles eigentlich auch selbst tun konnte. Gleichgültig, worum es ging, bestand sie steif und fest darauf: »Ich will... ich kann... ich werde das selber machen!« Heike und ich verbrachten eine lange Zeit vor der Garderobe. Während sie lernte, sich den Mantel anzuziehen, lernte ich einiges über unbeugsamen Willen und Selbstwertgefühle. Die einzige Unterstützung, die Heike brauchte und zuließ, war meine freundliche Anwesenheit, ein klein wenig Information und die Möglichkeit, in Ruhe nachzudenken. Für die meisten Kinder war es ein aufregender Trick, sich auf diese Weise den Mantel selbst anziehen zu können. Für Heike aber war es ein triumphaler persönlicher Sieg. Da wir beide in der Lage waren, die Grenzen der Unterstützung herauszufinden, gehörte ihr dieser Erfolg ganz allein.

## *Unterstützung annehmen*

Um unseren Beitrag beim Aufbau persönlicher Beziehungen und größerer Gemeinschaften leisten zu können, haben wir sozusagen die moralische Verpflichtung, alle Unterstützung anzunehmen, die notwendig ist, um das Beste aus uns zu machen. Je mehr wir persönlich wachsen, desto größer kann dieser Beitrag sein. Wenn wir angemessene Hilfe dabei bekommen, unsere eigenen Fähigkeiten zu entwickeln, können wir auch andere unterstützen, die ebenfalls dazulernen wollen. Wer verantwortungsvolle zwischenmenschliche Beziehungen aufbauen will, muß selbst unabhängig werden. Da es darum geht, die richtige Unterstützung auszusuchen, müssen wir zuerst herausfinden, welches unsere spezifischen Bedürfnisse sind und dann feststellen, welche eigenen Möglichkeiten wir haben, sie zu befriedigen. Beginnend mit der Frage: »Über welche Talente, Erkenntnisse und Fähigkeiten verfüge ich, auf die ich mich beziehen kann?« entscheiden wir, was wir tun können und was wir noch dazu lernen müssen. Dabei sollten wir möglichst wahrheitsgetreu vorgehen, aber auch so, daß wir uns selbst bekräftigen. Als nächstes müssen wir fragen: »Welche andere Hilfe brauche ich, und wo kann ich sie finden?« Auch hier sollten wir die Bereitschaft und Fähigkeiten der anderen nicht unterschätzen, sondern es ihnen selbst überlassen zu entscheiden, was sie geben können und was nicht. Wenn wir einmal Art und Umfang der zusätzlich für uns notwendigen Unterstützung benannt und auch die Menschen herausgefunden haben, die sie uns am besten geben können, ist es in unserer Verantwortung, aktiv um diese Unterstützung nachzufragen. Dies sollten wir wenn nötig auch mehrmals tun, oder sie auch bei anderen suchen, wenn sich herausstellt, daß wir die »Quelle« nicht »anzapfen« können, die wir uns ausgesucht haben. Wenn wir uns ganz bewußt auf diese Weise Unterstützung einholen und uns dabei auf uns selbst beziehen als wichtigste und stärkste Handlungsinstanz, dann können wir die Hilfe, die wir bekommen, auch freudig und selbstbewußt annehmen.

Jeder von uns erlebt Zeiten, in denen wir den Eindruck haben, daß uns niemand unterstützt. Oft sind wir auch zu stolz, darum zu bitten: »Wenn ihnen wirklich etwas an mir liegen würde, dann würden sie merken, was mir fehlt.« Das aber ist eine äußerst unfaire Erwartung. Niemand kann genau wissen, wie Sie sich fühlen oder was Sie brauchen, weil niemand in Ihrer Haut steckt! Gleichgültig, wie vertraut uns jemand ist, er kann unmöglich wissen, was wir genau fühlen und denken, denn jeder von uns erlebt sein Leben auf einzigartige Weise, aus unserer je persönlichen Sicht - und schließlich ändert sich ja auch unsere eigene Wahrnehmung ständig. Abgesehen von den sehr seltenen Gelegenheiten, wenn jemand uns intuitiv im richtigen Augenblick die richtige Hilfe anbietet, müssen wir meist ganz gezielt jemanden ansprechen, um eine ganz spezifische Unterstützung zu bekommen. Kleine Kinder können ihre Bedürfnisse schon kommunizieren, bevor sie überhaupt sprechen können - sie weinen oder schreien, man sieht ihnen an, wenn sie ängstlich oder wütend, gekränkt oder lustlos sind. Die Aufgabe, das Bedürfnis genau zu bestimmen und die angemessene Befriedigung zu bieten, liegt dann beim Erwachsenen.

Je älter ein Kind und Jugendlicher wird, desto mehr wird von ihm verlangt, ganz genau zu sagen, was ihm fehlt, und seinen Hilferuf gesellschaftlich akzeptabel zu formulieren. Doch die Angst vor Zurückweisung oder der Stolz und die Furcht, sich in Abhängigkeit zu begeben,können dem entgegenstehen. Wenn wir Unterstützung brauchen, sollten wir davon ausgehen: Um Hilfe zu bitten, bestärkt uns als Persönlichkeit (»Ich verdiene es, daß man mir hilft«), und es bestätigt denjenigen, den wir um Hilfe bitten (»Ich erkenne dich an als für mich wertvollen Menschen, als jemanden, dem ich mich in dieser für mich so heiklen Situation anvertrauen kann«). Menschen helfen gern, wenn sie können, besonders dann, wenn diese Hilfe klar umrissen ist und mit freudigem Dank entgegengenommen wird. Wer lernt, sich die notwendige Unterstützung zu holen, hat einen wichtigen Schritt zum Aufbau von Beziehungen unternommen, in denen Unterstützung frei und offen gewährt und entgegengenommen wird. Jeder von uns hat besondere Fähigkeiten und Stärken, die es wert sind, in Form von Unterstützung angeboten zu werden. Wir profitieren alle von diesen Netzwerken, und jeder leistet seinen Beitrag dazu. Wenn wir Zwischenbilanz ziehen, welche Unterstützungsmöglichkeiten wir und die anderen Mitglieder unseres sozialen Netzwerkes haben, können wir feststellen, in welcher Hinsicht uns vielleicht noch Hilfe fehlt. Diese Zwischenbilanz kann so aussehen:

Teile ein Blatt Papier durch einen Längsstrich in zwei Hälften. Führe auf der rechten Seite alle Personen auf, die sich um Unterstützung an dich wenden. Notiere dir bei jedem Namen, welche Art von Unterstützung jeweils von dir erwartet wird. Auf die linke Seite schreibst du alle Personen, bei denen du das Gefühl hast, daß du sie um Rat und Hilfe fragen kannst. Notiere zu jedem Namen die Art von Unterstützung, auf die du jeweils zählen kannst. Tausche dein Blatt mit dem deines Partners und unterhaltet euch darüber, wie ihr eure Bilanz in ihrer Ausgewogenheit oder Unausgeglichenheit wahrnehmt. Bestätigt und notiert euch eure jeweiligen Fähigkeiten, andere zu unterstützen. In welcher Hinsicht könntet ihr noch Hilfe brauchen? Lege diese Zwischenbilanz in dein Tagebuch und bringe sie von Zeit zu Zeit auf den neuesten Stand. Denke daran, daß sich Bedürfnisse und Stärken mit der Zeit wandeln.

Manchmal brauchen wir jemanden, der uns aufmerksam zuhört, wenn wir über ein Problem sprechen wollen; ein andermal vielleicht jemanden, dem wir unsere Kinder anvertrauen können, wenn wir einmal Zeit zum Nachdenken brauchen. Es ist wichtig, daß wir jeweils ganz genau bestimmen, was wir benötigen, und darum bitten können, ohne uns entschuldigen zu müssen. Wenn wir unser Problem in Worte kleiden, nimmt es Gestalt an, und manchmal kann es dabei Überraschungen geben. Möglicherweise entdecken wir dabei ein verborgenes Bedürfnis (»eigentlich möchte ich, daß mein Mann sich mehr als bisher um die Hausarbeit kümmert«) hinter dem offensichtlichen Bedarf (»ich möchte, daß er mir hilft, den Tisch abzuräumen«). Wenn einmal der wahre Sachverhalt aufgedeckt ist, ändert sich vielleicht das anfänglich formulierte Ziel oder die Anfrage. So denken wir vielleicht zunächst: »Ich bin nicht in der Lage, das zu tun - jemand wird mir helfen müssen«, aber wenn wir die Gelegenheit wahrnehmen, das Bedürfnis auszusprechen und uns über die damit verbundenen Gefühle klarzuwerden, entdecken wir möglicherweise, daß die Unterstützung gar nicht nötig war, sondern daß es auf die Gelegenheit ankam, sich mit diesen Gefühlen auseinanderzusetzen.

Wir alle brauchen Unterstützung und verdienen sie, dennoch fällt es uns oft schwer, darum zu bitten. Das liegt zum großen Teil daran, daß wir widersprüchliche Signale von unseren Mitmenschen bekommen: Einerseits gilt es als selbstverständlich, daß wir keinen »falschen Stolz« zeigen und uns helfen lassen. Andererseits wissen wir um das Stigma des »Bedürftigen«, des - wenn auch nur in einer bestimmten Situation - schwachen Menschen. Wir sollen unser Leben genießen und seine Höhen und Tiefen mit anderen teilen, doch angesichts von Schwierigkeiten wird ebenso von uns erwartet, daß wir würdevoll unser Gesicht wahren und andere nicht mit unseren Problemen belasten. Nur zu oft sind aber auch unsere Selbstzweifel, Gefühle von Peinlichkeit, Wertlosigkeit oder die Angst vor Zurückweisung dabei hinderlich, Unterstützung zu bekommen. Wir sind uns nicht mehr sicher, was wir erwarten können: Welche Bitte wird als legitim und vernünftig akzeptiert werden?

Es ist wichtig, sich daran zu erinnern, daß Unterstützung eine Erweiterung unserer Stärken und Möglichkeiten sein soll. Wir haben also die Verpflichtung, genau (und nur) das zu erbitten, was wir tatsächlich brauchen, um verantwortlich handeln zu können. Carola zum Beispiel, die geschiedene Mutter des sechsjährigen David, fühlt sich angebunden. Ihr Beruf, der Haushalt und ihre Aufgabe als Mutter lassen ihr nur wenig Zeit für sich selbst - aber sie hat auch kein Geld für einen Babysitter. Sie ist körperlich und seelisch erschöpft und fängt schon an, ihren Frust an David auszulassen. Sie ist schnell gekränkt und böse, immer häufiger schickt sie ihn aus nichtigem Anlaß ins Bett. Carola hat die Verpflichtung - sich selbst und David gegenüber -, aus dieser unguten Situation auszubrechen. Es ist notwendig, daß sie sich bei einem Familienmitglied oder bei ihren Freunden um Unterstützung bemüht: Möglicherweise kann sie ein paar Früchte oder Setzlinge aus ihrem Garten oder eine Portion Spaghetti bolognese für denjenigen spendieren, der sich hin und wieder um ihr Kind kümmert, während sie sich Zeit nimmt, etwas für sich selbst zu tun. Wenn Carola sich selbst bestätigt (was kann ich, was mache ich gut) und sorgfältig feststellt, welchen Beitrag sie leisten kann, wird ihre Bitte um Unterstützung ihr selbst und anderen zeigen, daß sie ihre Situation klar erkennt und verantwortlich handelt.

Es kommt sehr darauf an, wie man eine Anfrage nach Unterstützung formuliert: Man sollte die Antwort offen lassen, damit der Angesprochene die Möglichkeit hat, nein zu sagen, und man selbst nicht mit dem Gefühl zurückbleibt, abgewiesen worden zu sein oder den Falschen gefragt zu haben. Dennoch kann es ja durchaus sein, daß für diese spezifische Situation dieser Mensch gerade nicht die bestmögliche Hilfe ist. Wenn so etwas geschieht, sollte man selbstbewußt jemand anderes fragen können, solange, bis man die nötige Unterstützung bekommt. Auch wenn jemand nein sagt, kann er uns dennoch als fähigen und verantwortlichen Menschen wahrnehmen und bestätigen, daß wir von jemand anderem sicher die gewünschte Hilfe bekommen werden. Ähnliches gilt auch umgekehrt: Wenn uns jemand eine Hilfe anbietet, die wir gerade nicht brauchen oder die unsere Selbsthilfe-Möglichkeit eher einengt, können und sollten wir sagen: »Nein danke. Es ist mir wichtig, das selbst zu tun.«

## Unterstützung geben

Unser ganzes Leben profitieren wir davon, Unterstützung zu geben und zu empfangen. Da jeder von uns über bestimmte besondere Fähigkeiten verfügt, sind wir alle in der Lage, Unterstützung zu leisten. Auch wenn manche Probleme und Situationen professionelle Hilfe erfordern, kann jeder von uns anderen eine große Hilfe sein.

Aber auch Unterstützung geben will gelernt sein. Wir sollten zunächst sorgfältig und positiv über uns selbst nachdenken und über die Menschen, denen wir unsere Hilfe anbieten; überlegen, welche Art von Hilfe gebraucht wird und wozu wir uns in der Lage fühlen. Als nächstes bieten wir behutsam die Unterstützung an, die uns angemessen erscheint, zum Beispiel: Zuhören, einen Gefühlsausbruch akzeptieren, Kenntnisse weitergeben, mit anfassen, eine Rückmeldung geben. Wenn uns jemand um eine Unterstützung bittet, die wir leisten können, sollten wir genau das tun - nicht mehr und nicht weniger. Wenn wir nicht helfen können, sollten wir nein sagen und vielleicht jemand anderes empfehlen. Und schließlich sollten wir uns bemühen, denjenigen, den wir unterstützen, in seiner Selbständigkeit zu bestärken.

## *Gefühle akzeptieren*

Jemanden positiv zu bestärken, der sich unter Druck fühlt und glaubt, angesichts seiner Schwierigkeiten nicht angemessen handeln zu können, führt manchmal dazu, daß bei ihm eine Flut von Selbstzweifeln, Ängsten und Befürchtungen freigesetzt wird. Doch alle diese Gefühle sind bedeutungsvoll, wir sollten sie also akzeptieren. Wer sein Herz so ausschütten kann, hat dann oft Raum für neue Hoffnungen, Selbstwertgefühle und Entschlüsse. Genauso war es zum Beispiel, als Edith in einer Krise steckte und Barbara ihr half.

Edith, die Mutter der lebhaften 16jährigen Jeannette, war wie vom Donner gerührt, als sie einen Anruf aus dem örtlichen Supermarkt bekam, daß Jeannette beim Diebstahl von Musicassetten erwischt worden war. Entsetzt und völlig durcheinander klingelte Edith an Barbaras Tür und sagte: »Ich bin auf dem Weg, Jeannette abzuholen. Sie ist in Schwierigkeiten. Bevor ich da hingehe, muß ich mich selbst erst mal berappeln. Hast du ein bißchen Zeit und kannst mir einfach mal zuhören?«

Edith schüttete Barbara ihr Herz aus, erzählte von ihrem Schmerz, ihrem Schock, ihrer Wut. Barbara hörte ruhig und aufmerksam zu, ohne sich einzumischen, weder mit Vorschlägen noch mit moralischen Urteilen.

»Wie konnte sie das bloß tun? Sie weiß es doch besser! Sie ist meine Tochter, ich hab sie erzogen!«, schimpfte Edith. »Was sollen bloß die Leute denken!«

»Du machst dir immer Sorgen, die Leute könnten Schlechtes über Jeannette und dich denken«, meinte Barbara sanft. »Es ist dir peinlich.«

»Ich bin so wütend, und ich hab solche Angst«, schluchzte Edith. Sie schlug die Hände vors Gesicht und ließ ihren Tränen freien Lauf, während Barbara den Arm um sie legte. Als schließlich die Tränen versiegten, sagte Edith entschlossen: »Ich weiß nicht, was heute passiert ist, aber ich weiß genau, daß ich an Jeannette glaube und daß ich sie liebe. Und das ist das erste, was ich denen klarmachen werde, wenn ich in dieses Büro gehe. Jeannette braucht und verdient meine Unterstützung, und zusammen stehen wir das durch.«

Gefühle auszudrücken und zu akzeptieren, gehört wesentlich dazu, wenn man sich einem Problem stellt. Wir bestärken und unterstützen einen anderen, wenn wir ein offenes Ohr für seine Empfindungen haben.

## *Zuhören*

Aufmerksam zuhören können bedeutet, einem Menschen zuzutrauen, die passende Lösung für sein Problem selbst zu finden. Ein guter Zuhörer bietet dem anderen die Gelegenheit, Probleme, Gefühle und Gedanken zu ordnen und gibt nur dann eine Rückmeldung, wenn es erwünscht ist. Wer mit anteilnehmendem Interesse zuhört, kann jemanden, der eine Lösung für ein Problem sucht, ermutigen, sein Wissen und seine Handlungsmöglichkeiten zu erweitern. Manchmal ist es dabei notwendig, Gefühle herauszulassen und sich auf diese Weise neuen Antworten zu nähern. Dann ist ein Mensch, der zuhören kann, ohne zu allem Ja und Amen zu sagen, eine Meinung abzugeben oder Werturteile zu fällen, nicht nur ein Trost für den Betreffenden, sondern erinnert ihn gleichzeitig daran, wie wertvoll er selbst ist.

Hans kann sehr gut zuhören, und er wendet diese Fähigkeit auch in seinem Beruf als Personalrat an. Er unterstützt seine Kollegen, indem er ihnen informell Gelegenheit gibt, ihre Unzufriedenheit oder ihre Sorgen loszuwerden, ohne daß damit berufliche Konsequenzen verbunden sind. Anscheinend kommt er immer intuitiv im richtigen Moment, um jemandem sein Ohr zu leihen. »Was ist los? Sollen wir mal zusammen eine Tasse Kaffee trinken gehen?«, fragt er und signalisiert damit, daß er für ein Gespräch zur Verfügung steht. In seiner Gegenwart kann jeder loswerden, was ihn bedrückt und dabei sicher sein, von ihm keine billigen Ratschläge oder moralische Werturteile als Antwort zu bekommen. Wenn Hans meint, etwas dazu sagen zu müssen, tut er das mit behutsamen Formulierungen wie »Eine Sache, die ich mal versucht habe, ist...« oder »Hast du mal daran gedacht,...?« Das vielleicht Wichtigste ist aber: Bei Hans weiß jeder, daß er nichts weitererzählt; er stellt keine Fangfragen und tratscht nie über andere. Wenn sich jemand bei ihm ausgesprochen hat, ist es hinterher so, als ob das Gespräch nie stattgefunden hätte - mit Ausnahme eines gelegentlichen aufmunternden Lächelns oder eines »Wie geht es dir heute?«, das beiläufig klingt, aber zeigt, daß Hans weiterhin »da« ist.

Genau das ist wichtig, denn die Bereitschaft, sorgfältig zuzuhören, sollte sich nie nur auf Krisensituationen beschränken. Die zurückhaltend aber klar geäußerte Bereitschaft, jederzeit ein offenes Ohr für den anderen zu haben, gibt diesem ein Gefühl der Sicherheit und kann sein Selbstwertgefühl stärken. Dieses Gefühl kann Teil seiner Persönlichkeit werden; es entspringt der Gewißheit, jederzeit mit Unterstützung rechnen zu können. Man kann diese Form der Affirmation im Alltag auf recht einfache Weise zeigen: Zum Beispiel, indem man abends, wenn sich alle Familienmitglieder treffen, Zeit und Aufmerksamkeit signalisiert, falls jemand erzählen möchte, was ihm heute passiert ist; oder indem man gelegentlich Freunde und Verwandte anruft, nur »um mal zu hören, wie es dir geht«; oder indem man brieflich Kontakt hält - das alles schafft bei den Adressaten ein Gefühl der Bestätigung: »Ich bin wichtig, man denkt an mich.«

## *Praktische Hilfe geben*

Häufig braucht jemand unsere Hilfe in ganz handfester Form: Gelegentlich Kinderbetreuung übernehmen, damit der Vater oder die Mutter etwas erledigen können; jemandem Werkzeug ausleihen oder beim Dachausbau helfen, und so weiter. Horst und Jochen helfen sich oft gegenseitig, wenn es darum geht, im Haus etwas zu reparieren. Das hat mehrere Vorteile: Zum einen muß keiner die ganze Arbeit allein machen, zum anderen kann man sich untereinander beraten und Erfahrungen austauschen, und schließlich sind die beiden ohnehin sehr gerne zusammen; die gemeinsame Arbeit liefert den geeigneten Rahmen für ihre Freundschaft.

Informationen weiterzugeben, ist eine andere Art, praktisch zu helfen. Manchmal fehlt jemandem die Übung; dann ist es oft besser, Tips und Tricks weiterzugeben als selbst Hand anzulegen; so kann der andere Vertrauen in die eigenen Fähigkeiten bekommen. Im Umgang mit Kindern machen wir das ständig, zum Beispiel wenn wir ihnen nach und nach beibringen, sich selbst kleine Mahlzeiten zu kochen, ihr Zimmer aufzuräumen oder einkaufen zu gehen. Auch im Umgang mit Erwachsenen sollten wir unser Wissen da zur Verfügung stellen, wo es gebraucht wird, ohne uns mehr einzumischen als nötig ist. Denn gerade Erwachsene haben oft das Bedürfnis: »Zeige mir, wie es geht, aber laß es mich selbst machen.«

## *Dem anderen die Entscheidung überlassen*

Wenn wir jemanden unterstützen, müssen wir nicht nur seine Stärken anerkennen, sondern ihn auch zur Selbsthilfe ermuntern. Ein Schuldirektor zum Beispiel pflegte die endgültige Entscheidung denjenigen Personen zu übertragen, die am meisten von den Auswirkungen betroffen sein würden. So war es auch in einem Einzelgespräch, das er mit einem neu an der Schule angemeldeten Schüler und seinen Eltern führte. Als im Gespräch deutlich wurde, daß der Junge in einigen Fächern an seiner vorherigen Schule große Schwierigkeiten gehabt hatte, wandte sich der Direktor an *ihn*, um mit ihm die anstehende Entscheidung zu besprechen:

»Thomas, du hast es in einigen Fächern sehr schwer gehabt. Ich wünsche dir, daß du hier an der Schule Freude beim Lernen haben kannst. Soweit ich sehe, hast du drei Möglichkeiten zur Wahl. Jede davon hat einen Vorteil und einen Nachteil. Zum einen kannst du dich dafür entscheiden, in die achte Klasse zu gehen und mit Nachhilfestunden den Anschluß zu schaffen. Andererseits weiß ich, daß du in Sport sehr gut bist, und es könnte dir schwerfallen, wenn du so manchen Nachmittag beim Nachhilfeunterricht verbringst statt beim Sport. Zum zweiten kannst du dich dafür entscheiden, in den Sommerferien einen Intensivkurs zu machen in den Fächern, die dir Mühe machen. Doch es könnte sein, daß du nach einem harten Schuljahr mal eine Erholung brauchst und lieber mit deinen Freunden in ein Ferienlager fahren willst, was du ja gerne möchtest. Zum dritten kannst du dich dafür entscheiden, ab Herbst die siebte Klasse zu wiederholen, was bedeuten würde, daß du es ertragen müßtest, wenn dich die anderen Kinder deswegen ein bißchen hänseln. Ich hoffe, du wirst dir die Vor- und Nachteile der drei Möglichkeiten gut überlegen. Für welche du dich auch entscheiden wirst - wir sind bereit, dir bei jeder davon zu helfen, so gut wir es können. Aber nur du kannst wissen, mit welcher der drei Situationen du am besten umgehen kannst.«

Thomas ließ sich alles durch den Kopf gehen, dann teilte er seinen Eltern entschlossen mit, er werde die siebte Klasse wiederholen. Seine Eltern waren überrascht; in seiner früheren Schule hatten sie sich dem Druck der Schulleitung widersetzt, Thomas »zurückzustufen«.

»Es ist schon o.k., ich fühle mich nicht zurückgesetzt«, versicherte Thomas ihnen fröhlich, »ich brauche die Hilfe. Ich bin noch nicht soweit, daß ich den neuen Stoff dazulernen kann; glaubt mir, ich habe mich schon richtig entschieden!«

Der Direktor hatte Thomas zugetraut, seine eigenen Bedürfnisse am besten einschätzen zu können. Er hatte all seine Informationen zur Verfügung gestellt, nichts beschönigt, Vor- und Nachteile genannt - und es dann Thomas überlassen, die Möglichkeit auszuwählen, mit der er am besten leben konnte. Thomas hatte damit ein Stück Verantwortung für seinen eigenen Fortschritt übernommen. Er war stolz; schließlich war es eine schwere und folgenreiche Entscheidung. Aber es war *seine* Entscheidung.

## *Grenzen anerkennen*

Welche Art der Unterstützung und wie viel davon auch immer gegeben wird - es ist wichtig, daß sie nicht über das hinausgeht, was tatsächlich benötigt wird. Geber und Empfänger müssen sich darin einig sein, was in jedem Falle angemessen ist. Meine Freundin Anne hat eine unnachahmliche Art, genau herauszufinden, womit sie mir zur Zeit am besten hilft. In einem Jahr zum Beispiel hatte ich mich derart mit Arbeit überladen, daß ich Probleme mit meinem Kreislauf bekam. So pendelte ich zwischen Apathie und dem zwanghaften Gefühl »Du darfst nicht aufgeben« hin und her; statt mich auszuruhen, verlangte ich mir immer mehr und mehr ab. Ich war wütend auf mich selbst, und obwohl mein schlechter Gesundheitszustand und meine Depression wohl nicht zu übersehen waren, weigerte ich mich, mir etwas abnehmen zu lassen. Auch diesmal versuchte Anne vorsichtig herauszubekommen, welche Hilfe ich annehmen konnte.

»Möchtest du mir deine Jungs mal ein paar Tage rüberschicken, oder soll ich ein paar Einkäufe für dich erledigen?«

»Nein danke, es geht uns gut«, piepste ich. Es war mir unmöglich, öffentlich zuzugeben, daß mir als der allerbesten Mutter allmählich die Puste ausging.

»Na schön. Denk dran, daß ich dich sehr gern habe«, erwiderte Anne und wechselte das Thema.

Am nächsten Tag kam sie vorbei - mit einem frisch gebackenen Dreikornbrot und einem Krug selbstgepreßten Apfelsaft - und nahm mich fest in den Arm. Ich fühlte mich geliebt und daran erinnert, wie wichtig meine Gesundheit ist - für mich und für die Menschen um mich herum. Wir mußten beide lachen, dann sprachen wir über Ernährung, Arbeit und Gesundheit. Das Gespräch war für mich die beste Medizin, und als Anne ging, war ich guter Dinge und wußte, was ich jetzt tun mußte. Ich befand mich auf dem Wege der Besserung - dank Annes liebevoller Art, mir zur rechten Zeit die rechte Unterstützung zu geben.

## *Neinsagen können*

Auch Neinsagen ist ein wesentlicher Bestandteil von Unterstützung. Obwohl jeder von uns potentiell Hilfe geben kann, kann es eine Anzahl von guten Gründen geben, warum wir in bestimmten Situationen nicht in der Lage sind, die erbetene Unterstützung zu leisten. Niemand sollte bis zur völligen körperlichen oder seelischen Erschöpfung anderen helfen. Wenn uns die nötige Geduld, emotionale Energie, Zeit oder Gesundheit fehlt, sollten wir nein sagen. Wenn möglich sollten wir den um Hilfe Bittenden in einem solchen Fall an jemand anderes verweisen können. Es gibt aber auch Situationen, in denen wir den Eindruck haben, daß jemand die Sache besser selbst in die Hand nehmen sollte. Wenn wir dann den anderen unseres gefühlsmäßigen und moralischen Beistands versichern, sollten wir nicht zögern zu sagen: »Nein, du kannst das besser als ich.«

Obwohl Helfen Freude macht, darf es nicht abhängig machen. Es gilt, das rechte Gleichgewicht zu finden zwischen dem, was wir geben können und wollen, und dem, was der andere dazu beitragen kann oder sollte. Der schönste Augenblick für jemanden, der einem anderen hilft, sollte es sein, wenn die Hilfe nicht mehr benötigt wird. Das Ziel der Unterstützung ist es, anderen zu helfen, autonom zu werden. Nicht in dem Sinn, daß wir alle isoliert nebeneinander her leben, sondern indem Menschen dazu motiviert werden, ihre eigenen Handlungsmöglichkeiten zur Entfaltung zu bringen.

## *Eltern finden Bestätigung in der Gruppe*

Wenn Eltern sich zu Gruppen zusammenschließen, können sie sich dadurch einen Ort schaffen, an dem sie ihre Fähigkeiten austauschen und neue Ideen entwickeln können. Hier ist die Gelegenheit, sich darüber klar zu werden, was jeder braucht, welche Hindernisse im Wege stehen und welche Möglichkeiten jeder einzelne und die Gemeinschaft hat, jeden bei der Verwirklichung seiner Ziele zu unterstützen. Man kann gedanklich oder durch gemeinsames Handeln mit sich und anderen experimentieren, sich gegenseitig bestätigen und unterstützen.

Auch wenn wir es in der Regel nicht so bezeichnen, ist

jeder von uns Mitglied in einem »Unterstützungs-Netzwerk«: Familie, Freunde, Gemeinde, Kirche, Verein. Wenn in einer solchen Gemeinschaft ein affirmativer Geist herrscht, kann jeder immer wieder Neues dazulernen, Ideen und Fähigkeiten erproben und die Aufmerksamkeit finden, die er braucht. Eine Mutter hat es einmal so ausgedrückt:

»Ich glaube, das meiste, was ich heute mache als Mutter und Erzieherin, hat mit der Unterstützung zu tun, die ich in bestimmten Zusammenhängen bekomme: Von meiner Still-Gruppe, von meiner Nachbarin (die zwar vier Jahre jünger, mir aber als Mutter weit voraus ist) und meinem sozialen Netz, in das ich in den letzten Jahren gefallen bin. Immer, wenn ich als Mutter unsicher war, oder wenn ich mich einsam fühlte, oder wenn ich verletzt, frustriert und deprimiert war - dann bekam ich immer irgendwo die Unterstützung, die ich gerade brauchte. Durch die Freunde meiner Kinder lernte ich deren Mütter kennen, die Freunde von Freunden gehörten plötzlich auch zu meinem Bekanntenkreis - und für uns alle erweiterten sich die Möglichkeiten, voneinander zu lernen und uns gegenseitig zu unterstützen.«

Manchmal aber sind wir so sehr in unserem Alltag mit diesen Gruppen unserer Umgebung beschäftigt, daß wir nur noch routinemäßig miteinander umgehen und uns manchmal doch mit unseren Problemen allein fühlen. Wenn das geschieht, kann es manchmal ganz sinnvoll sein, sich einmal außerhalb unserer natürlich gewachsenen Unterstützungs-Gruppen zu treffen. Gerade diese gewisse Alltagsferne einer solchen neuen Gruppe kann uns helfen, unsere Beziehungs-Strukturen zu anderen neu zu überdenken, besonders in bezug auf die Unterstützung, die wir brauchen und geben können. Anschließend können wir dann in unsere tägliche Umgebung zurückkehren und diese Unterstützung genau dort realisieren.

In Elterngruppen können wir uns zum Beispiel dem Thema Kindererziehung widmen, unsere diesbezüglichen Einstellungen, Wertvorstellungen und Erfahrungen austauschen und so vielleicht neue Einsichten über Dinge gewinnen, die uns im Alltag wie selbstverständlich erscheinen. Ein solcher Eltern-Arbeitskreis ist aber keine Therapiegruppe, kein Debattierklub oder eine Instanz, die uns »den richtigen Weg« zeigt. Vielmehr stellt er eine Art Forum dar, auf dem wir zu einem ganz wichtigen Thema unsere Meinungen und Erfahrungen darstellen und austauschen können: unser Leben mit Kindern. Vor allem aber bietet eine solche Eltern-Gruppe den Beteiligten die Möglichkeit, von anderen bestätigt zu bekommen, welche Stärken und besonderen Fähigkeiten jeder einzelne hat, um seiner Aufgabe als Erzieher gerecht zu werden.

Eine Organisatorin eines solchen Eltern-Arbeitskreises beschrieb ihre Erfahrungen so:

»Unsere Gruppe entstand aus dem Bedürfnis verschiedener Frauen einer Großstadt, Erfahrungen auszutauschen und neue Lösungen für Probleme zu finden. Als wir sahen, wie isoliert einige von ihnen waren und wie spärlich die regelmäßigen Kontakte zu Freunden und Nachbarn aussahen, haben wir die Gruppe zusammengebracht, haben sie am Anfang geleitet, waren aber auch gleichzeitig Teilnehmerinnen. Die ganze Gruppe war von dieser typischen Stadt-Situation betroffen: Jede war auf sich selbst gestellt und hatte mit den Nachbarn kaum Kontakt. Was wir wollten, war, mit unseren Freunden und Nachbarn, die ja in der gleichen Situation waren, mehr Kontakt bekommen und uns gegenseitig unterstützen zu können.

Es war allgemein festzustellen, daß die Teilnehmerinnen umso mehr Selbstvertrauen bekamen je mehr wir ein Gefühl für unsere gemeinsame Situation entwickelten und uns eingestehen konnten, daß wir einander brauchten. Wir haben uns gegenseitig auf verschiedene Art und Weise geholfen, nicht zuletzt durch aufmerksames Zuhören. Ein wichtiger Schritt war zu lernen, daß es möglich und erlaubt war, über Gefühle und Probleme zu sprechen, die jede von uns hatte. Dabei stellten wir nicht nur fest, daß wir alle erstaunlich verletzbar waren, sondern auch, daß »Probleme« nicht länger ein Stigma waren und als normaler Bestandteil der lebendigen Auseinandersetzung mit den Widrigkeiten des Alltags akzeptiert werden konnten.

Die Gruppe als solche bestand nicht sehr lange, weil wir alle sehr weit voneinander entfernt lebten, uns immer seltener und schließlich gar nicht mehr trafen. Aber das liebevolle Gefühl der Gemeinsamkeit entwickelte sich auch dann noch weiter, so daß wir alle das Gefühl hatten, daß die Gruppe ihren Zweck erfüllte. Einzelne Mitglieder trafen sich auch noch, als die Gruppe nicht mehr bestand, teilten ihre alltäglichen Freuden und Probleme, gingen zusammen aus - und profitierten davon, daß wir einmal ein tiefes Verständnis füreinander entwickelt hatten.«

Manchmal gibt es ein gemeinsames Ziel oder Problem, das eine Gruppe von Eltern zusammen bringt. In den letzten Jahren zieht es immer mehr Eltern zueinander, die ein gemeinsames Problem zu bewältigen haben, das ihre Kinder betrifft: etwa körperliche oder geistige Behinderung oder Drogenprobleme. Manchmal kreisen die Gruppendiskussionen aber auch um Schwierigkeiten der Eltern; zum Beispiel, was es bedeutet, allein Kinder großziehen zu müssen. Unabhängig von dem speziellen Bedürfnis oder der jeweiligen Motivation zur Gruppenbildung sollte das Ziel immer das gleiche sein: Bestätigung und Bekräftigung der Teilnehmer als fürsorgliche und umsorgte Mitmenschen.

# 3.
# *Die Begegnung der Generationen*

Als meine Eltern und ich das Haus meiner Großmutter verließen und in eine andere Gemeinde umzogen, begann ich sofort, Beziehungen zu einigen älteren Nachbarn anzuknüpfen - wohl um die verlorenen Verwandtschaftsbeziehungen zu ersetzen. Ein älteres Paar, Heiner und Tante Anni, wurden von mir »adoptiert«. Heiner hatte einen Holzwarenladen, wo er selbstgebaute Vogelkäfige, Wetterhähne und alle möglichen windgetriebenen Vorgartenzierden zum Verkauf anbot. Stundenlang stand ich in der Werkstatt und sah ihm bei der Arbeit zu, und als ich älter wurde, ermunterte er mich gelegentlich, ihm beim Zimmern oder Bemalen seiner Objekte zur Hand zu gehen. Manchmal beaufsichtigte er mich bei der Herstellung eigener Holzarbeiten. Die richtige Handhabung und Pflege von Material und Werkzeug zu lernen, war ein unschätzbarer, nicht-sexistischer Unterricht für ein junges Mädchen in den 50er Jahren. Außerdem bekam ich auch ein besonderes Selbstwertgefühl, je mehr ich meine handwerklichen Fähigkeiten weiterentwikkelte und lernte, auf sie stolz zu sein. So entwickelte sich zwischen Heiner und mir eine Gemeinsamkeit, die darauf beruhte, daß wir uns gegenseitig respektierten. Die Stunden verflogen im Nu, wenn Heiner mir Geschichten von früher erzählte oder ich über Schulerlebnisse berichtete. Wir aßen, arbeiteten und erlebten zusammen viele dieser kühlen, dämmrigen Abende auf der Veranda. Als unsere Familie größer wurde, waren Heiner und Tante Anni immer eine geliebte Zufluchtsstätte für

* Dieses Kapitel wurde von Penni Eldredge – Martin verfaßt.

mich (und sogar, wie ich erst später erfuhr, für meine Mutter!). Sie konnten gut zuhören, stachelten meine Neugier an und bestätigten mich in meinen Fähigkeiten. Heute weiß ich, daß meine Abhängigkeit von ihren Kenntnissen und ihrer Fürsorge gleichzeitig ihr Bedürfnis befriedigte, gebraucht zu werden: Sie hatten das Gefühl, für die Eigenschaften, die sie besaßen, geliebt und geschätzt zu werden.

Solche Beziehungen zwischen den Generationen waren in den Großfamilien der Vergangenheit durchaus üblich; heute aber, in unserer stets im Wandel begriffenen und jugendfixierten Gesellschaft, werden sie immer seltener. Von Konzernfilialen quer über den halben Kontinent versetzt, haben sich viele Familien resigniert daran gewöhnt, ständig von Angehörigen Abschied zu nehmen und auf die stete Vertrautheit verzichten zu müssen. Selbst dann, wenn Teile der Familie in geographischer Nähe bleiben, geschieht häufig diese Trennung nach Altersgruppen. Unsere Gesellschaft definiert und gruppiert uns sozusagen chronologisch. Von Kindesbeinen an steckt sie uns in festgelegte Altersgruppen: Kinderkrippe, Kindergarten, Vorschule, Grundschule, Hauptschule, Berufsschule oder Universität; Jungverheiratete, Eltern mit Kleinkindern, Großeltern, Altersheim. Meist freiwillig, manchmal aber auch unbewußt, umgeben wir uns nur noch mit Menschen, die etwa in unserem Alter sind. So machen wir kaum noch Erfahrungen mit der älteren Generation, und das schafft eine große Kluft zwischen uns und ihr.

Eine Großmutter fürchtet sich regelrecht vor den Besuchen ihrer elfjährigen Enkelin: »Aber ich kenne sie nicht einmal! Worüber können wir uns schon unterhalten? Wir haben doch nichts Gemeinsames!« Dabei stimmt das gar nicht: Beide haben ein besonders inniges Verhältnis zur Natur, beide arbeiten gern im Garten, und die Jüngere schreibt Gedichte. Obwohl sie sehr viel gemein haben, teilen sie es nicht miteinander. Jede von ihnen hat selten mit einem Angehörigen einer anderen Generation zu tun. Und so sind ihre gegenseitigen Besuche gekennzeichnet durch minutenlanges, peinliches Schweigen und gelegentliche, unbeholfene Versuche, Konversation zu betreiben. Leider gelingt es ihnen auf diese Weise nicht, sich über irgend etwas zu unterhalten, das sie wirklich beschäftigt; so können sie auch keine befriedigende, unterstützende Beziehung aufbauen, die ja nur entstehen kann, wenn tief empfundene Bedürfnisse auch an die Oberfläche dringen und ausgesprochen werden.

Diese Art der Isolation fordert ihren Preis. Wenn wir unsere Fähigkeit, unser Leben und unsere Erlebnisse mit Angehörigen der anderen Generation zu teilen, nicht entwikkeln, entgehen uns zahlreiche Gelegenheiten, unsere kommunikativen Möglichkeiten zu entfalten, aus Geschichte und Geschichten zu lernen und zu erfahren, was Kontinuität in der Verantwortung bedeutet. Wir büßen viele der menschlichen Ressourcen ein, die uns eigentlich verfügbar wären - und vor allem: Wir begeben uns der wichtigsten Quellen von Hoffnung und Unterstützung, die aus einem solchen miteinander geteilten Leben entspringen könnten.

Die geänderten Vorstellungen über die Familie tragen zur Verwirrung und Frustration bei. Zur Zeit wird wieder einmal die traditionelle Klein- oder Kernfamilie (Vater, Mutter, Kinder) hochgehalten - und damit die Tatsache geleugnet, daß eine immer größere Zahl von Kindern heute von einem Elternteil allein großgezogen wird. Die Politiker, die Kirchen und andere Meinungsmacher (etwa das Fernsehen mit seinen Familienserien) tragen ihren Teil dazu bei, daß sich viele Mütter, Väter und Kinder sozusagen als behindert oder schuldig fühlen - da sie nicht dem perfekten Kleinfamilien-Idyll entsprechen. Supermütter und Superväter strengen sich ungeheuer an, um die Lücke zu schließen und den Anforderungen von Hausarbeit, Familie und Berufsleben gewachsen zu sein. Dabei bleiben ihre persönlichen Bedürfnisse häufig unerfüllt. Kinder alleinerziehender Eltern werden oft in der Schule mit Lesestoff und Diskussionen konfrontiert, in denen die Vater-Mutter-Brüder-Schwestern-Familie immer wieder als *die* Familie präsentiert wird; kein Wunder, daß sie sich fragen, was sie denn wohl sind, wenn sie allein mit ihrem Vater oder ihrer Mutter leben - etwa keine Familie? Erweiterte Beziehungen zwischen den Generationen können den Druck auf solche Eltern und Kinder mildern; jenseits der unmittelbaren Kernfamilie und ihrer jeweiligen Altersgruppe können so Pflichten und Verantwortlichkeiten verteilt werden. Wenn wir uns aktiv neue »Quellen« der Unterstützung erschließen, bedeutet das für uns eine Bestärkung, weil wir auch außerhalb unserer traditionellen Rollen gleiche und verantwortliche Beziehungen entstehen lassen können. Gleichgültig, wie alt jemand ist - wir alle suchen nach solchen Beziehungen und wachsen durch sie; wir bereichern unser Familienleben um neue Wahrnehmungen und Einsichten - und schließlich lernen wir uns selbst und unsere Fähigkeiten besser schätzen.

## *Vorurteile über das Alter*

Leicht ist es nicht, zwischen den Generationen eine Brücke zu bauen. Bewußt oder unbewußt halten wir alle bestimmte altersabhängige Vorurteile über andere aufrecht; diese aber machen uns blind, behindern uns und die anderen darin, persönliche Fortschritte zu machen. Eine der ersten Fragen, die ein Kind stellen kann, lautet: »Wie alt bist du?«, als ob die Antwort, die ja in einer Zahl besteht, alle Vorlieben, Antipathien, Bedürfnisse, Fähigkeiten und Abgrenzungen für und gegen den anderen enthielte.

Jenseits der Zwanzig wird diese Frage nicht mehr so oft gestellt, was nicht heißt, daß nicht genau die gleichen Verallgemeinerungen vorgenommen würden: Ein Mensch über neunzig ist senil; um die vierzig bekommt man eine

Midlife-Crisis; Jugendliche müssen gegen »die Alten« rebellieren; Zweijährige sind eine Plage, weil dann ihre Trotzphase beginnt. Dieses Denken in Alters-Kategorien veranlaßt uns, eher auf stereotype als auf individuelle Menschen zu reagieren, und so schaffen unsere Erwartungen stets aufs Neue wieder »Realitäten«.

Entsprechend dem jeweiligen Alter wird einem Menschen auch ein bestimmter Grad von Verantwortung zugeschrieben oder abgesprochen. Gesellschaftlich ist festgelegt, daß die Hauptverantwortung auf den Schultern der mittleren Generation liegt. Sie soll Kinder aufziehen, sich um die älteren und oft auch um die behinderten Menschen kümmern. Es wird von ihr erwartet, daß sie - einfach, weil sie dazu »alt genug« ist - die notwendige Sensibilität, Stärke, Fähigkeit, Voraussicht und einen unerschütterlichen Gerechtigkeitssinn hat. Kinder werden zwar ermutigt, Verantwortung zu übernehmen, eigentlich aber glaubt man, sie seien dafür noch zu unreif. Auf der anderen Seite soll die ältere Generation ein Vorbild an Reife und Weisheit darstellen; gleichzeitig aber »entlastet« man sie von jeglicher Verantwortung, als ob sie ihre Stärke, Weisheit und geistige Beweglichkeit gegen Rente und Seniorenpaß eingetauscht hätte. Jeder von uns ist Opfer *und* Mittäter bei dieser Diskriminierung der Menschen nach Altersgruppen. Wenn wir solche Fehlannahmen aufdecken und uns über sie klar werden, können wir der anderen Generation wieder ein Stück entgegengehen.

In einem Mehrgenerationen-Arbeitskreis begaben sich der sechsjährige Peter und die 35jährige Karin auf einen »Vertrauens-Spaziergang«[1]. Diese Übung besteht darin, daß einem der beiden Partner die Augen verbunden werden und der »sehende« Partner ihm dann die Umgebung erklärt. Als Karin von Peter mit verbundenen Augen herumgeführt wurde, erkannte sie plötzlich, daß Peter sie zu einer stark befahrenen Straßenkreuzung führte, deren Fußgängerüberweg nicht durch Ampeln gesichert war. Als sie und Peter später in der Gruppe über ihre Erlebnisse berichteten, gestand Karin:

»Mein erster Impuls war, stehen zu bleiben und zu sagen: ›Denk daran, daß wir erst nach rechts und dann nach links gucken müssen.‹ Dann dachte ich an unsere Grundregel, daß man seinem Partner vertrauen muß, und so zwang ich mich, nichts zu sagen; aber je näher wir der Kreuzung kamen, desto mehr brach mir der Schweiß aus. Plötzlich hielt Peter an und sagte zu mir: ›Jetzt sehe ich erst mal nach rechts und links, ob auch kein Auto kommt, dann können wir rübergehen.‹«

Als Karin an diesem Punkt ihrer Erzählung angekommen war, warf Peter ein: »Ich wußte es die ganze Zeit! Du hast dir nur eher Sorgen gemacht als ich!«

Wir sollten öfter die Gelegenheit beim Schopf ergreifen, einmal die anderen in Ruhe entscheiden zu lassen, ihnen die Verantwortung für eine Situation zu überlassen, ohne ständig vor- und einzugreifen. Auf diese Weise können wir nämlich die altersgemäßen Rollenstereotype aufweichen und neue Entwicklungsmöglichkeiten zulassen. Wirkliche Verantwortung kann und muß so gelernt werden können - einschließlich der Verpflichtung aller Beteiligten, jedes Ergebnis mitzutragen. Für Kinder ist es eine herrliche Erfahrung, Verantwortung zu »besitzen«.

Claudia, Petra und Heidi haben das einen Sommer lang mit einer Vorschulklasse geübt. Jeden Montag trafen sie sich mit den Kindern. Jedes Kind füllte einen Wochenplan aus, was es tun wollte; dann wurden alle Aktivitätswünsche auf einem großen Blatt Papier zusammengetragen und dieses an die Wand geheftet. Aus diesen Plänen entstanden sowohl Einzel- wie Gruppenunternehmungen, und jedes Kind war an der Vorbereitung dafür beteiligt. Zu Beginn des Sommers merkte man den Kindern noch sehr stark an, daß sie nicht gewohnt waren, derart Verantwortung zu übernehmen und sie mit anderen zu teilen; auch waren ihre Reaktionen so, daß man annehmen mußte, sie konnten nicht längerfristig denken und vorausplanen. Da sie offenbar unsicher waren, ob ihre Pläne tatsächlich als Anweisungen für Gruppentätigkeiten dienen konnten, wählten sie sicherheitshalber nur die Aktivitäten, die sie gut kannten: Schwimmen gehen, draußen spielen, malen. Als sie jedoch mehr Praxis und mehr Zutrauen in ihre eigene Fähigkeiten bekamen, entwickelte sich der Planungsprozeß immer stärker zu einem aufregenden Erlebnis, auf dessen Ergebnis die Kinder stolz waren und das immer stärker in die Richtung ausfiel: neues Lernen. Gegen Ende des Sommers beschlossen die Kinder gemeinsam, daß sie lesen lernen wollten.

Karin und Peter bekamen bei ihrem gemeinsamen Spaziergang sozusagen Erfahrungen aus erster Hand über Verläßlichkeit und Gleichheit vermittelt. Die Schüler in der Klasse von Claudia, Petra und Heidi lernten, sich selbst etwas zuzutrauen, genausogut wie den Erwachsenen, die ihrerseits ihr Recht und ihre Fähigkeiten akzeptierten, sinnvolle Pläne aufstellen zu können. Solche Erlebnisse sind ein erster Schritt, altersdiskriminierende Einstellungen abzubauen und alternative Beziehungen zwischen den Generationen entstehen zu lassen.

Wenn wir ganz bewußt dafür sorgen, mit Menschen aus verschiedenen Altersstufen zusammenzusein, geben wir uns selbst die Gelegenheit, Vorurteile über »die Alten« und »die jungen Leute« abzulegen. Statt dessen können wir dann eher Fähigkeiten entwickeln, anderen sensibel zu begegnen, aufmerksam zuzuhören und uns unserer Verantwortung bewußt zu werden, wenn wir Unterstützung geben und annehmen. Solcherart Verpflichtungen einzugehen, bestätigt uns und andere in der Überzeugung, daß jeder von uns, gleichgültig, wie alt er ist, mit anderen sein Wissen, sein Verständnis und sein Können teilen kann.

## *Gleichheit und Macht*

Bei einer Sitzung eines Eltern-Arbeitskreises saß ich mit übereinandergeschlagenen Beinen auf dem Fußboden. Plötzlich begann ein etwa zehn Monate alter Junge, um mich herumzukriechen. Er inspizierte mich von allen Seiten, berührte meine Schuhe und Hosenbeine. Ich streckte ihm eine Hand entgegen und wackelte mit dem Zeigefinger in der Luft. Zuerst folgte er meiner Bewegung mit den Augen, dann griff er nach dem Finger. Schließlich zog er sich an der Schulter seiner Mutter hoch und plumpste mir in den Schoß, wo er sich die nächste Viertelstunde zufrieden einkuschelte.

Es gab einmal eine Zeit, da hätte ich das Kind in meine Arme genommen, sobald es nur in meine Nähe gekommen wäre - wahrscheinlich mit dem Ergebnis, daß es sich ängstlich weinend von mir zurückgezogen hätte. Statt dessen deutete - als das Kind Interesse an mir signalisierte - mein ausgestreckter Finger auf eine vergleichbare Neugier: »Ich finde dich auch ziemlich interessant!« Selbst als er nach meinem Finger griff, wartete ich und ließ ihn entscheiden. Indem ich meine Reaktion nach der Stärke seiner »Anfrage« richtete, gleichzeitig aber signalisierte, daß er mir willkommen war, und indem ich nicht gemäß irgendwelcher Vorannahmen handelte, begegneten wir uns von gleich zu gleich.

Es gibt viele subtile Möglichkeiten, einem anderen zu zeigen, daß man Macht über ihn hat. Die bloße Tatsache, auf eine Person herabblicken zu können oder zu ihr aufsehen zu müssen, kann ein körperliches Gefühl der Ungleichheit stabilisieren. Der zehn Monate alte Junge hatte keine Hemmungen, meine Schuhe und Hosen zu untersuchen, weil ich auf gleicher Höhe mit ihm saß. Hätte ich gestanden oder auf einem Stuhl gesessen, wäre es weitaus weniger wahrscheinlich gewesen, daß wir uns überhaupt miteinander beschäftigt hätten. Die typische Reaktion von Erwachsenen - das Kind hochnehmen - geschieht zwar in der Absicht, sich liebevoll mit ihm zu beschäftigen. Doch in der Regel bestärkt diese Geste ein Kind nur darin, daß Erwachsene nun mal stärker und mächtiger sind. Hätte ich mich so verhalten - das Kind hätte sich als unterlegen erlebt. Das soll nicht heißen, Erwachsene sollten von Kindern Abstand halten. Wenn man einem Kind Offenheit als Einladung signalisiert - etwa indem man sich in seine Nähe setzt oder, wie im obigen Beispiel, mit einer Geste neugierig machen will -, ermöglicht man es ihm, die Einladung sowohl anzunehmen wie sie abzulehnen. Das Kind kann sich auf diese Weise als starker Partner der Interaktion erleben - schließlich liegt die Entscheidung bei ihm. Physische und emotionale Nähe zu anderen, ein Gefühl der Vertrautheit und des Angenommenseins - das alles sind wichtige Bestandteile von Unterstützung; doch wir müssen sorgfältig auf die Signale achten, die von anderen ausgesandt werden, vor allem von Kindern und älteren Menschen. Es ist das gute Recht eines jeden, anderen mitzuteilen, ob er bereit und willens ist, sich auf eine Interaktion einzulasen; jede Art von Voranbahmen ist da unangemessen. Ebenso unangebracht ist es, übereifrig zu handeln - viel wichtiger scheint es zu sein, dem anderen mit Freundlichkeit und Wärme zu begegnen. Wir müssen lernen, geduldig darauf zu warten, daß jemand uns einen Schritt entgegenkommt - und dann die angemessene Antwort zu finden.

Wenn Verantwortung für Kinder und andere Mitmenschen als Macht *über* sie definiert wird, kann daraus folgen, daß wir ihnen jegliches Recht absprechen, selbst für sich Entscheidungen zu treffen, sich als stark und wertvoll zu empfinden. Macht kann dazu benutzt werden, jemanden zu vereinnahmen, aber auch dazu, jemanden auszuschließen. Marie, eine fröhliche 85jährige Witwe, war in ihrem Herzen jung geblieben und stolz auf ihre Selbständigkeit. Sie suchte sich ihre Freunde in allen möglichen Gruppen und Sparten und sorgte auf diese Weise dafür, daß ihr Leben immer interessant blieb. Sie war in Bürgerinitiativen und beim Straßentheater zu finden, beim »politischen Nachtgebet« in ihrer Kirche, bei Schulkonzerten und Nachbarschaftstreffen. Ausgesprochen gern nahm sie auch Einladungen von Schulen an, wo sie in Vorträgen über ihre Arbeit im afrikanischen Friedens-Corps berichtete - damals war sie bereits siebzig. Als sie eines Tages wegen einer Kleinigkeit in einem Krankenhaus behandelt werden mußte, stellte man dort ihre unleugbare Vergeßlichkeit fest, mixte dies mit ihrem »flippigen« Lebensstil und ihrer polemischen, manchmal jähzornigen Art zu reden - und fertig war die Diagnose: Senilität; Unfähigkeit, für sich selbst zu sorgen. Innerhalb einer Woche war sie entmündigt, Kleidung und Möbel wurden abgeholt und der Inneren Mission geschenkt, sie selbst mit dem Krankenwagen zu einem Altersheim gebracht, das weit außerhalb ihrer Gemeinde lag. Die beide Seiten bereichernde Interaktion zwischen Marie und ihrer Gemeinde wurde jäh beendet - nur weil einige Leute ihr Vorurteil über »Senilität« bestätigt sahen.

Verantwortung und Macht mit Angehörigen anderer Generationen zu teilen, bietet sowohl einzelnen Menschen wie Familien, Schulen und Gemeinden die Möglichkeit, nie gekannte Unterstützung zu erfahren. Junge Menschen haben zahlreiche kreative Fähigkeiten und kommen oft zu neuen, überraschenden Einsichten - die können sie sowohl mit jüngeren wie mit älteren Menschen teilen. Die Älteren wiederum verfügen über einen ungeheuren Reichtum an Kenntnissen und Einsichten, der in unserer technologischen Gesellschaft nur zu schnell verloren geht und nichts mehr wert scheint - sie können unser Leben aber mit Weisheit und Wärme bereichern. Wer über wechselseitige, bestätigende Beziehungen verfügt, kann Macht, Gleichheit und Verantwortlichkeit in weitaus stärkerem Maße erleben; und das kann für viele gestreßte Menschen von heute eine neue Quelle der Hoffnung und des Trostes sein.

In zahlreichen Familien ist der Mythos noch lebendig,

daß jeder für den anderen immerzu da sein und ihm alles bedeuten muß. Doch oft müßten Erwachsene eigentlich ihren Kindern verbal oder besser noch durch eigene Handlungen demonstrieren, daß einige wichtige Beziehungen außerhalb der Familie gefunden werden müssen. Eigentlich sollte es in Familien als selbstverständlich gelten, daß jedes Mitglied sich sein persönliches Unterstützungsnetzwerk aufbaut. Wenn sich jemand dieses Recht »herausnimmt«, sollte man ihn als vertrauenswürdig und besonders fähig betrachten und keineswegs als Bedrohung. Auch sollten sich die anderen Familienmitglieder nicht schuldig fühlen nach dem Motto: »Haben wir ihm etwa nicht alles geben können?«

Bei einer überfüllten Veranstaltung auf einem Kirchentag lernten sich der sechsjährige David und die 40jährige Helga kennen und entwickelten eine besondere Beziehung zueinander. Eines Tages fragte David Helga, ob sie nicht mit ihm Essen gehen wollte, und von da an hatten die beiden regelmäßige »Verabredungen« zum Mittag- oder Abendessen. Beide hatten eine emotionale Bindung zu einem Angehörigen einer anderen Altersgruppe gesucht und gefunden. Davids Vater wußte von Helga und war zuversichtlich, daß sein Sohn bei ihr in guten Händen war. Er drängte sich dieser Beziehung nicht auf, sondern respektierte die Freundschaft, die zwischen seinem Kind und einer fremden Erwachsenen entstand. Alle drei Beteiligten profitierten von dieser Situation.

Ob Beziehungen zwischen den Generationen wirklich auf Gegenseitigkeit beruhen, hängt von einer erhöhten Sensibilität für die Bedürfnisse des anderen ab. Jede Person fühlt sich wertvoll, wenn sie solche Bedürfnisse erkennt und, wo immer möglich, versucht, sie zu befriedigen. Im Alter von 90 Jahren schwanden Karl zusehends die Kräfte. Doch mit einer gewissen Zähigkeit bestand er darauf, noch sinnvolle Dinge zu tun. Helmut erkannte das dringende Bedürfnis seines Vaters, noch als produktiv zu gelten;

gleichzeitig war er selbst arbeitsmäßig stark überlastet. So kam er auf die Idee, bei seinem Vater vorbeizufahren und ihm das ramponierte Bücherregal und den leicht lädierten Kindersitz seines Sohnes zum Reparieren zu bringen. Karl machte sich an die Arbeit und war auf das Ergebnis ganz besonders stolz; denn er hatte etwas Sinnvolles sowohl für seinen Sohn wie für seinen Enkel getan. Einen Moment lang war die Generationen-Waage im Gleichgewicht.

Alle zwischenmenschlichen Beziehungen gedeihen besonders gut, wenn die jeweiligen Gemeinsamkeiten anerkannt und geschätzt werden. Bei David und Helga waren es Spiele, Lachen, erfundene Geschichten; bei Karl und Helmut die Liebe zu Holzgegenständen und das Gefühl, »etwas zwischen die Finger kriegen zu müssen«. Solche gemeinsamen Interessen sind ein guter Ausgangspunkt, hinzu kommen die Fähigkeiten, zuzuhören und sensibel auf den anderen einzugehen. Einsicht, Dialog und Vertrauen entstehen aus solchen bewußten Handlungen und verweisen darauf, daß jede zukünftige Auseinandersetzung immer an dem gemessen wird, was man gemeinsam erlebt hat. Die Distanz zwischen den Menschen wird dadurch geringer. Wenn Menschen sich dazu in der Lage fühlen, andere zu finden, die sie unterstützen und in ihrem Leben bereichern können, sind sie eher bereit, sich mit neuen Ideen auseinanderzusetzen und Herausforderungen aller Art anzunehmen. Die emotionale »Batterie« in unseren Familien und Gemeinden wird durch derartige Energie aufgeladen. Vorurteile über das Alter hindern uns jedoch daran. Verlieren wir den Kontakt zu anderen Generationen, so kann es leicht geschehen, daß wir uns überlastet und inkompetent fühlen. Was wir brauchen, ist nicht nur Vertrauen, sondern eine Umgebung, die unsere Fähigkeiten benutzt, betont und fördert.

Elise Boulding ist Soziologin am Darthmouth College in den USA. Sie ist davon überzeugt, daß in der Familie immer schon ein großer Teil fürsorglicher Handlungen von

Kindern übernommen wurde, daß man das aber bis heute weder erkennt noch anerkennt[2]. Sich um andere zu kümmern, sollte keine Aufgabe sein, die nur Eltern, Lehrern oder Krankenpflegepersonal überlassen wird. Kinder haben ein unerschöpfliches Reservoir an Kraft, Kreativität, Aufmerksamkeit und Liebe, das sie mit der Erwachsenenwelt teilen können. Doch auch hier gilt: Es kommt auf *ihr* Bewußtsein und *ihre* Entscheidung an; wir sollten ihnen das nicht aus der Hand nehmen.

Eines Abends kam mein Mann zu spät zum Abendessen; ein Auflauf verbrutzelte im Ofen; der Versuch, mir ein Kleid zu nähen, war kläglich gescheitert; und mein 15 Monate alter Sohn Kurt hatte seine »hungrigen und mürrischen fünf Minuten«. Das alles war mir zuviel, plötzlich saß ich im Eßzimmer und schluchzte. Kurt stand in der Zimmertür und beobachtete mich eine Zeitlang, dann drehte er sich um und durchquerte das Wohnzimmer. Als er zurückkam, streckte er mir sein »Schmusetuch« hin, sein liebstes Bettlaken. „Ja, das hilft mir", meinte ich zu ihm. Wir umarmten uns ein paarmal und kehrten dann in die Küche zurück. Kurt war über sich selbst hinausgewachsen und hatte mein tiefes Bedürfnis nach Trost erkannt. Seine einfache Geste, mir das zu schenken, was ihm zum Thema »Trösten« einfiel, und die Tatsache, daß ich sein Angebot annehmen konnte, bedeutete: »In diesem Augenblick sind wir gleich.« Für jeden von uns war es ein ebenso bewegendes wie machtvolles Erlebnis.

## *Wo finden und wie pflegen wir Beziehungen zwischen den Generationen?*

Da Beziehungen zwischen Menschen, die altersmäßig sehr unterschiedlich sind, nicht gerade bei uns die Norm sind, müssen wir eine besondere Verpflichtung eingehen, wenn wir sie finden wollen: die Bereitschaft, alle Vorurteile über Kinder, alte Menschen und uns selbst über Bord zu werfen. Auf gewisse Weise betreten wir damit Neuland oder gewinnen Land zurück, das lange brach gelegen hat. Wir müssen die heimlich oder offen gewachsenen Stereotype ausgraben und untersuchen, die sinnlosen Kategorien, die jemandem nur deshalb zugeschrieben werden, weil er in die entsprechenden »Jahre gekommen« ist. Wir müssen uns unserer Unerfahrenheit entledigen, indem wir Risiken eingehen und freiwillig auf einige der Verantwortlichkeiten und Machtsituationen verzichten, die uns zugeschrieben werden. Denn nur dann können wir erfahren, welche Unterstützung und Fürsorge wir in wechselseitigen Beziehungen zu anderen Generationen erleben können.

In Ihrem Leben ergeben sich viele Gelegenheiten für solche Beziehungen? Gratuliere, dann sind Sie glücklich dran. Meist jedoch müssen wir uns ausdrücklich darum bemühen, Zeit und Energie in die Suche nach solchen Beziehungen investieren, und wenn wir sie einmal »haben«, kostet es uns noch einmal sehr viel, sie zu pflegen. Es gibt Eltern, die andere Erwachsene ermuntern, zusammen mit ihren Kindern gemeinsamen Interessen nachzugehen. Ich kenne zum Beispiel einen alleinerziehenden Vater, der zwei College-Studenten als Untermieter aufgenommen hat. Hans ist froh über die Freundschaft, die sich zwischen den beiden jungen Männern und seinem elfjährigen Sohn sowie seiner zwölfjährigen Tochter ergeben hat. »Die jungen Männer haben viel mehr Spaß daran, mit den beiden Sport zu treiben oder draußen herumzutoben als ich, und die Kinder genießen das sehr.«

Andere Eltern laden gezielt Menschen verschiedener Altersgruppen zu sich ein und beteiligen sie an verschiedenen Familienaktivitäten. So haben beispielsweise die Müllers - Hanny, Tom und der einjährige Jens - einmal vier halbwüchsige Jugendliche eingeladen. Sie sind zusammen in den Wald gefahren, haben einen Weihnachtsbaum geschlagen, sind nach Hause zurückgekehrt und haben ihn gemeinsam geschmückt. Der an sich kalte und stürmische Tag wurde mit Wärme und Fröhlichkeit ausgefüllt. Diese so ganz unterschiedlichen Menschen erzählten sich gegenseitig Geschichten, alberten zusammen herum, lachten und sangen, kreierten eine neue Pizza und aßen gemeinsam zu Abend. Ein ähnlich herzliches Verhältnis haben Hanny und Tom zu einem 70jährigen Nachbarn entwickelt. Albert lebt allein, und man sah ihn oft lange Spaziergänge durch den nahegelegenen Wald machen. Da sich Hanny und Tom ganz besonders für Vögel und Feld-, Wald- und Wiesenblumen interessieren, ahnten sie, daß sie in Albert einen Gleichgesinnten finden würden. Sie begannen, Albert Fragen über einheimische Singvögel zu stellen, und wurden mit aufregenden Geschichten und detaillierter Information belohnt, während sie mit Albert seine einfachen Mahlzeiten teilten oder gemeinsam lange Streifzüge durch den Wald unternahmen.

Inzwischen haben einige Gemeinden erkannt, daß in Senioren- und Pflegeheimen so manches an Wissen und Fähigkeiten, Heimat-Geschichte und herzlichen Gefühlen hinter den verschlossenen Türen lebendig ist. So hat man beispielsweise in Ann Arbor, Michigan, in das örtliche Schulsystem sogenannte »Lehr- und Lerngemeinschaften«[3] integriert. Das bedeutet: Ältere Bürger werden zu Referaten in verschiedene Klassen eingeladen oder als Hilfslehrer eingesetzt. Dabei liegt die Betonung nicht unbedingt nur auf der Vermittlung von bestimmten Fähigkeiten, sondern auch darauf, daß sich bei dem Lehr- und Lernprozeß lebhafte menschliche Beziehungen entwickeln, über Schulbänke und Generationen hinweg. Ermutigt durch derartige Erfolge, sprießen Programme, die ältere Mitbürger am Schulunterricht beteiligen, derzeit wie Pilze aus dem Boden. Viele Schulen haben »Großeltern-Sprechtage« eingerichtet, laden sowohl leibliche Großeltern der Schüler als auch überhaupt ältere Gemeinde-Mitglieder zu

Vorträgen und Schulausflügen ein. Viele neue Siedlungen oder Vorstädte planen bereits solche Mitwirkungsmöglichkeiten älterer Bürger am Leben der jungen Menschen systematisch in ihre Politik ein. Ein Programm in New York nennt sich beispielsweise »Generations Working Together« (Generationen arbeiten zusammen). Das Friends Center mitten in Philadelphia, ein Gebäudekomplex, der eine Reihe von Quäker- und anderen Organisationen beherbergt, hat eine Kinderkrippe eingerichtet. Die Tatsache, daß diese Einrichtung direkt im Bürokomplex liegt, hat zu zahlreichen positiven Ergebnissen geführt: Eine fröhlich spielende Kinderschar im Hof zu beobachten, bedeutet für viele Angestellte eine willkommene Abwechslung und Aufmunterung. Die Eltern sind immer in der Nähe, falls ein Kind krank wird oder einen Unfall hat; und für die Kinder nimmt die Arbeit ihrer Eltern anschauliche Gestalt an. Schließlich haben sowohl die Kinder wie ihre Eltern zunehmend damit begonnen, auch Beziehungen zu anderen Erwachsenen über die Kinder aufzunehmen und auch mit »fremden« Kindern Freundschaft zu schließen. So werden die Erwachsenen, die in dem Gebäudekomplex arbeiten, zum Beispiel ermutigt, so oft wie möglich zu den Kindern zu kommen und mit ihnen zu spielen, zu essen oder ihnen vorzulesen. Auf diese Weise sind zahlreiche unerwartete Freundschaften entstanden; und sowohl Eltern wie Kinder kehren abends mit einer Fülle an neuen Eindrücken nach Hause zurück.

Die Kirche der Unitarier in Santa Barbara, Kalifornien, suchte nach neuen Möglichkeiten, die Einheit der Gemeindemitglieder zu stärken. So kam man dort auf die Idee, Gruppen aus 14 bis 16 Freiwilligen zu bilden - ganze Familien, Alleinlebende, alleinerziehende Eltern mit ihren Kindern, Jugendliche, alte Menschen -, die sich jeweils verpflichteten, sich zunächst drei Monate lang zweimal monatlich zu treffen. Jede dieser »Großfamilien« entwickelte eigene Vorstellungen darüber, was für sie sinnvolles miteinander Umgehen bedeutete. Dabei half ihnen jeweils eines der »Familienmitglieder«, dessen Rolle darin bestand, zunächst für alle der Ansprechpartner zu sein, sich in dieser Rolle aber so schnell wie möglich überflüssig zu machen und dann »normales« Mitglied zu werden. Diese letzte Forderung war deshalb aufgestellt worden, um die gleichmäßige Verantwortlichkeit jedes Gruppenmitglieds für das gesamte Gruppengeschehen zu betonen, und um dem anfänglichen »Gruppenleiter« die Möglichkeit zu geben, sich als Gleicher unter Gleichen zu erleben. Welche Aktivitäten werden nun in solchen »Großfamilien« unternommen?

Sie helfen sich gegenseitig bei allen Arten von Arbeiten, die in den Wohnungen oder Häusern der Gruppenmitglieder anfallen: Reparaturen, Malerarbeiten, Entrümpelungen und so weiter. Ein Mitglied hatte gerade ein Haus gekauft, und da es gestrichen werden mußte und Installationsarbeiten erforderlich waren, packte die ganze »Familie« mit an, was allen großen Spaß machte. Die gemeinsame Arbeit brachte sie einander näher.

Eine Familie trifft sich des öfteren am Strand bei Sonnenaufgang, um gemeinsam zu frühstücken; viele gehen nach dem Kirchgang zusammen essen. Eine Familie verbrachte ein gemeinsames Wochenende im Ferienhaus eines Mitglieds, eine andere mietete sich für ein langes Wochenende an einem See ein, wieder andere fuhren geschlossen in die Ferien. Viele gehen zusammen Zelten, verbringen gemeinsam einige Abende im Monat oder gehen zusammen aus. Häufig bilden sich Untergruppen von drei, vier oder fünf Mitgliedern des »Clans«, die sich noch öfter sehen als die gesamte Gruppe. Man ruft sich gegenseitig regelmäßig an, einige haben pflegebedürftige Menschen in ihre Gemeinschaft aufgenommen. Kurz, es ist den »Großfamilien« unendlich viel eingefallen, was man miteinander anfangen kann; vielen sind die Ideen ganz spontan gekommen.

Es ist noch nicht klar, was aus den »Familien« eines Tages werden wird; jede ist autonom, entwickelt eigene, einzigartige Umgangsformen, bestimmt ihr eigenes Schicksal selbst, aufgrund eigener Initiative, in ihrem eigenen Tempo. Was immer aus ihnen letztlich wird - ihre heutige Existenz rechtfertigt allemal die vielen Diskussionen, Anstrengungen und ängstlichen Erwartungen, die bei ihrer Entstehung in sie investiert wurden.[4] Sich mit Stereotypen auseinanderzusetzen, Gleichheit zu erleben, Macht und Unterstützung jenseits der Ursprungsfamilie und der Freundesgruppe miteinander zu teilen - das ist für uns so neu, daß wir es vielleicht zunächst als lästig empfinden und uns innerlich dagegen sträuben. Deshalb sind sorgfältig kontrollierte Situationen - wie in Ann Arbor und Santa Barbara - sehr hilfreich; denn sie können Gelegenheiten bieten, über bestimmte Wahrnehmungen und Gefühle miteinander zu sprechen und die eigenen Fähigkeiten zu erproben. Ein anderer Ansatz sind Mehrgenerationen-Arbeitskreise, in denen über Generationen hinweg gemeinsame Aktivitäten geplant und so Erfahrungen aus erster Hand gesammelt werden können. Auf diese Weise entstehen häufig neue Diskussionen und Einsichten aufgrund direkter persönlicher Erlebnisse. Die Teilnehmer, die von der Vergangenheit der anderen und ihren gegenwärtigen Auseinandersetzungen mit Gefühlen und Bedürfnissen, Ärgernissen, Freuden und Unsicherheiten erfahren, schenken sich gegenseitig Unterstützung und bekräftigen sich untereinander, je mehr sie ihre Gemeinsamkeiten entdecken und schätzen lernen.

Zwei Quäker-Gruppen in Germantown, Pennsylvania, versammeln sich gewöhnlich zweimal im Herbst, um gemeinsam mit ihren Familien zu feiern; jeder bringt etwas zum gemeinsamen Abendessen mit, und die jungen Leute kochen aus den Ergebnissen ihrer gemeinsamen Apfelernte eine Reihe von Nachspeisen für die ganze Gruppe. In einem Jahr beschloß die Gruppe, dieser Brauch sollte etwas abgewandelt werden. Bisher hatten sich immer die Erwachsenen an einem Ort getroffen und die Kinder an einem anderen; oder die Familien waren jeweils zusammengeblieben. Diesmal wollten sie diese Gruppenbildung aufheben. Mit Hilfe zweier Gruppenleiter planten die Mitglieder des Treffens eine eineinhalbstündige Zusammenkunft. Die Teilnehmer an der Apfelernte dichteten und komponierten einige »Apfel-Lieder«, vervielfältigten Text und Noten, so daß der Abend damit beginnen konnte, daß alle zusammen diese Lieder sangen. Nach einem Namensspiel zum Kennenlernen - bei dem sich die Teilnehmer in »apfelbetische« Reihenfolge aufstellten-, führten die Gruppenleiter alle durch ein Spiel- und Übungsprogramm, in dem alles, was man mit Äpfeln machen kann und mit ihnen je erlebt hat, im Mittelpunkt stand. Zum Abschluß des Abends bildeten alle einen großen Kreis, und jeder Teilnehmer wurde gebeten, etwas zu erzählen, was ihm an diesem Tag gut gefallen hatte.

Solche Mehrgenerationen-Workshops sind für Gruppen von zwölf bis 300 Teilnehmer entwickelt worden; und auch die Dauer der einzelnen Arbeitskreise ist recht unterschiedlich; von einer Stunde über ein Wochenende bis zu wöchentlich jeden Tag zwei Stunden. Alle diese Arbeitskreise haben vier gemeinsame Ziele:

1. Spaß haben, sich aneinander und am Leben freuen können.
2. Bessere Kommunikations-Fähigkeiten zwischen Menschen unterschiedlichen Alters entwickeln.
3. Das Besondere, Positive an den Anwesenden erkennen und jeweils benennen können.
4. Die Teilnehmer ermutigen und befähigen, im Laufe des Seminars so weit zu kommen, daß sie hinausgehen und selbständig Beziehungen zu Angehörigen anderer Generationen aufnehmen können.

Dieses letztgenannte Ziel ist besonders wichtig. Wie bei der Bestätigung, so gilt auch hier: Einige Personen brauchen sichere, kontrollierbare Situationen wie etwa Arbeitskreise (oder besondere Familien-Programme oder Lehr-Lern-Gemeinschaften), in denen sie ihre Fähigkeiten entfalten und die Vorteile erleben können, einmal die Grenzen der Familie und der eigenen Altersgruppe zu überschreiten.

Durch welche Methode wir auch immer dazu gelangen, uns innerhalb oder außerhalb unserer Familie oder Altersgruppe zu begegnen - letztlich müssen die Beziehungen zwischen einzelnen Menschen entstehen und als ihre eigene Verantwortlichkeit aufgefaßt werden. Wenn Eltern zum Modell werden für selbstverständliche Beziehungen zwischen den Generationen, die zwar außerhalb der Familie bestehen, aber dennoch »intim« sind - dann müssen sie sorgfältig darauf achten, ähnliche Gesten auf seiten ihrer Kinder zu respektieren und zu akzeptieren. Das Recht, die eigene Familie auf Außenstehende auszudehnen, sollte jedem ihrer Mitglieder zugebilligt werden. Die Vorurteile gegenüber Altersgruppen und die mangelnde Übung im Umgang mit sehr viel älteren oder jüngeren Menschen zu überwinden und das Risiko einzugehen, authentische Beziehungen zu ihnen aufzubauen - das kann schwierig sein, aber die Belohnung ist zu hoch, um es nicht zu versuchen.

---

**Anmerkungen**

1. *Robert C. Hawley und Isabel L.Hawley*: Observation Walk, in (a.a.O.) S. 44
2. Siehe auch Literaturverzeichnis, Seite 217
3. *Ann Arbor Public Schools:* Teaching-Learning Communities (Ann Arbor, Mich.: Carol H. Tice, 1972)
4. *Unitarian Church of Santa Barbara:* Developing an Extended Family Program (Santa Barbara: Unitarian Church of Santa Barbara), S. 9. Zusätzliche Informationen sind erhältlich bei 1535 Santa Barbara Street, Santa Barbara, Calif. 93109, USA

# 4.
# *Darüber reden - nichts an anderen auslassen*

Eine affirmative Kommunikation - das bekräftigende und exakte Aussenden und Empfangen von Information - ist wesentlich, um verantwortliche Beziehungen aufbauen und aufrechterhalten zu können. Kommunikation ist unvermeidlich. Selbst wenn wir bewegungslos und ausdruckslos dasitzen, ohne ein Wort zu sagen, senden wir eine Botschaft aus: »Ich will nicht!« - »Ich kann nicht!« oder »Ich darf nicht!« Da wir es nicht verhindern können, mit anderen zu kommunizieren, müssen wir darauf achten, daß unsere Botschaften wirklich dem entsprechen, was wir ausdrücken wollen; und wir müssen lernen, Botschaften anderer richtig zu interpretieren, so daß wir angemessen auf sie reagieren können. Durch Worte, Gesichtsausdruck, Berührungen, Körperhaltung bieten wir unsere Gedanken und Gefühle anderen zum darüber Nachdenken an (oder halten sie davon zurück) und ermuntern sie dazu (oder hindern sie daran), uns ihre Meinung oder Erkenntnis mitzuteilen. Angemessen kommunizieren bedeutet, unsere Bedürfnisse deutlich zu machen, die notwendige Unterstützung zu beschreiben und sie zu erbitten. Immer dann, wenn eine solche angemessene Mitteilung auf Bestätigung basiert - auf einer Einstellung des Respekts, der Wertschätzung und positiver Erwartung -, ermuntert sie zu neuem Verständnis und zur Weiterentwicklung.

Zentral für das Konzept der bestätigenden Kommunikation ist die Überzeugung, daß jeder Mensch einzigartig ist, *gerade wegen* seines Alters, seiner Erfahrungen und seiner

Persönlichkeit - und daß er gerade deshalb eine wertvolle Informationsquelle sein kann. Durch klaren, ehrlichen und offenen Informationsaustausch werden der Geber, der Empfänger und die Beziehung zwischen ihnen bereichert. Offen zu sein ist eine wesentliche Voraussetzung für bestätigende Kommunikation. Der ehrliche und freie Austausch der Gedanken und Gefühle ist eine Einladung, wechselseitig am Leben des anderen teilzunehmen, gemeinsame Vorstellungen zu erproben und zu erweitern, und die gemeinsame Grundlage für gegenseitige Hilfe und Unterstützung zu entdecken. Doch oft haben wir das Gefühl, daß es riskant ist, wirklich offen zu sein, und daß es ziemlich viel Selbstvertrauen und Vertrauen in den anderen erfordert.

Offenheit ist ein zweiseitiger Vorschlag. Wenn wir genau das sagen, was wir denken und fühlen, machen wir uns selbst verwundbar; wenn jemand zu uns ehrlich und offen ist, fühlen wir uns oft verpflichtet, mit dieser Offenheit verantwortlich umzugehen. Offen dafür zu sein, daß Informationen und Meinungen ohne Umschweife ausgetauscht werden können, fordert uns heraus, unseren Standpunkt noch einmal zu überdenken, vielleicht sogar grundlegende Wahrheiten, die unsere Moral und unseren Lebensstil prägen, neu zu bewerten. In einer offenen Kommunikation bekommen wir Dinge zu hören, die uns gefallen und mit denen wir übereinstimmen - aber auch solche, die uns mißfallen und mit denen wir nicht einverstanden sind. Für das, was wir selbst sagen, gilt das gleiche. Eine offene Kommunikation, die auf dem Prinzip der Bestätigung beruht, bedeutet, daß man den anderen nicht vor den Kopf stößt, ihn nicht beschuldigt und seine Gefühle nicht bewußt verletzt. Statt dessen zielt sie darauf ab, miteinander ehrlich zu reden, und enthält die Erwartung, daß auf eine Information, die affirmativ mitgeteilt wird, positiv und angemessen eingegangen wird.

## *Kommunikations-Systeme*

Die Sprache selbst kann ein Hindernis sein, andere zu verstehen und verstanden zu werden. Statt durch Slang und Dialekt, Umgangssprache und Spezialausdrücke, Koseworte, Gesichtsausdruck und Körpersprache erleichtert zu werden, behindert all das häufig eher eine richtige Kommunikation. Ein kalter Blick, eine Haltung wie: die Arme in die Hüfte stemmen oder vor der Brust verschränken - das kann schon genügen, um eine Unterhaltung zu beenden, ohne daß auch nur ein Wort gefallen wäre. Durch einen bestimmten Jargon werden exklusive Gruppen gebildet, die sowohl »Insider« wie Außenstehende daran hindern, eine neue Perspektive zu gewinnen oder vielleicht den einen oder anderen guten Rat zu bekommen. Wir können uns und anderen ein besseres Verständnis ermöglichen, wenn wir klare, variationsreiche verbale und Körpersprache entwickeln.

Wie wichtig eine kreative und variationsreiche Sprache ist, wurde mir deutlich, als ich einmal zu Besuch bei der Familie meines Mannes in der Bundesrepublik war. Ich konnte nur gerade genug Deutsch, um meine Bedürfnisse mitzuteilen und Höflichkeiten auszutauschen. Um überhaupt etwas von dem Familientreffen zu haben, etwas dazu beizutragen und mich nicht ausgeschlossen zu fühlen, mußte ich ganz bewußt jede sprachliche Nuance, jede entzifferbare Silbe sorgfältig in mich aufnehmen. Freds Verwandte bemerkten meine Bemühungen und richteten ihre Kommentare direkt an mich, sprachen langsamer, setzten Gesichtsausdruck, Gestik und Körpersprache stärker ein, wählten ihre Worte sorgfältig. Geduldig übersetzte Fred meine Antworten an sie, und je mehr er dazu überging, nicht nur meine Worte, sondern auch meine Gefühle zu übersetzen, desto mehr wuchs ein tiefes Verständnis zwischen uns. Als wir dann die Gelegenheit hatten, kreativ zusammen zu arbeiten, schufen wir uns dadurch eine eigene Sprache, in der wir uns alle miteinander »unterhalten« konnten. Obwohl in unseren Beziehungen normalerweise nicht solche Anstrengungen nötig sind, um sich mitzuteilen, verdienen doch unsere Alltags-Kommunikationen eine ähnliche Sensibilität, Kreativität und ein vergleichbar starkes Interesse am anderen.

Alles, was jeder von uns anderen mitzuteilen hat, ist so einzigartig, daß die Erwartung, jemand möge unsere Bedürfnisse »an unseren Augen ablesen«, zu einer Beeinträchtigung von Kommunikation und Beziehung führen kann - ganz gleich, wie gut wir Menschen zu kennen glauben.

Katrin und Anna, zwei jugendliche Schulfreundinnen, hatten sich den ganzen Sommer darauf vorbereitet, in der Schule eine Sport-AG zu leiten. Als schließlich die Endauswahl für die Tutoren stattfand, wurde Katrin nicht genommen, wohl aber Anna. Am gleichen Abend telefonierte Anna mit Katrin wegen der Hausaufgaben in Französisch, doch keine von beiden brachte das Gespräch auf die Sport-AG. Am nächsten Tag tat Katrin so, als ob Anna Luft wäre. Ihr Angebot, sie nach der Schule nach Hause zu begleiten, lehnte Katrin mit eisigem Blick ab und zischte sie an: »Du brauchst mir keinen Gefallen zu tun. Es ist dir doch sowieso egal, wie es mir geht.«

»Du weißt genau, daß das nicht stimmt!«, stammelte Anna.

»Oh, sicher, deshalb hast du ja auch kein Wort darüber verloren, daß sie mich für die Sport-AG nicht genommen haben, obwohl du wußtest, wie wichtig es mir gewesen wäre, gerade mit dir darüber zu reden.«

»Nein, wußte ich nicht! Du meine Güte, Katrin«, Anna schnappte nach Luft. »Als du nicht davon anfingst, hab ich gedacht, du willst nicht darüber sprechen. Und ich wollte dich nicht unnötig aufregen!«

Katrin kämpfte mit den Tränen und brachte nur noch heraus: »Wir sind Freundinnen, seit wir in die sechste Klasse kamen. Du hättest wissen *müssen*, wie es mir geht!«

Wir müssen erkennen, daß andere Menschen die Besonderheit unserer Gefühle und Vorstellungen zwar verstehen und sich angemessen darum kümmern können, daß aber nur wir allein - und niemand sonst - sie wirklich definieren und ausdrücken können.

## *Bestätigung als die grundlegende Botschaft*

Es gibt besondere Situationen und Umstände, die eine starke Auswirkung auf unsere Kommunikation haben. Der Ton jeder Mitteilung kann - wenn er aus einer bestätigenden Einstellung heraus entsteht - ein Gefühl des Vertrauens und des gegenseitigen guten Willens vermitteln. Gerade dann, wenn wir als Autoritätspersonen auftreten, müssen wir besonders sorgfältig darauf achten, uns auf positive Art und Weise mitzuteilen, ohne Drohungen oder Beschuldigungen, aber auch ohne Herabsetzungen oder gönnerhaftes Gehabe.

Manchmal muß jeder von uns in einer bestimmten Situation eine Entscheidung treffen, eine Handlung einleiten oder sich der Mitarbeit anderer versichern, und zwar auf rationale, aber bestimmte Art: »Komm von der Straße runter, *sofort*!« oder »Mama, schnell, die Badewanne läuft über!« Anweisungen dieser Art können in einer Weise erteilt werden, daß man damit andeutet: »Dies hier wird jetzt von dir gefordert. Ich bin überzeugt, daß du es auch kannst und tun wirst.«

Wenn es nötig ist, einem anderen Grenzen zu setzen, können wir ihn dennoch bestätigen, indem wir seine Gefühle respektieren, aber deutlich machen, wann, von wem oder wie bestimmtes Verhalten für uns nicht akzeptabel ist: »Bärbel, ich verstehe ja, daß du dich langweilst, weil es so lange dauert, bis du an der Reihe bist und zur Ärztin kommst. Aber du kannst hier nicht dauernd durch das Wartezimmer laufen und Krach machen. Hier sind auch noch andere Leute, denen es nicht gut geht.« Dabei sollten wir darauf achten, die Gefühle des anderen nicht zu leugnen oder abzulehnen: »Bärbel, kaum sind wir hier, quengelst du *schon wieder* !« Auch sollten wir den anderen nicht überreden, uns nicht über ihn lustig machen oder ihn zynisch behandeln, um ihn zur Zusammenarbeit zu bewegen. Sollte eine Ablenkung angebracht sein, dann sollten wir sie ausdrücklich benennen: »Sieh mal, wir können in der Zwischenzeit etwas anderes machen. Da drüben liegen einige Zeitschriften. Wenn du eine herholst, können wir sie zusammen lesen.«

Wenn wir auf bekräftigende Art und Weise dem anderen Grenzen setzen, sollten wir deutlich, aber auch respektvoll, sagen, was wir dulden und was wir nicht ertragen können: »Mami, ich bin heute abend total müde. Es ist mir jetzt wirklich nicht danach, mit dir über meine Noten zu diskutieren. Laß es uns bitte auf morgen früh verschieben.«

Auch wenn wir Kenntnisse weitergeben, sollten wir das so tun, daß in der Kommunikation kein Beiklang von Überlegenheit enthalten ist. Manchmal geht es ganz pragmatisch um Informationen: Vielleicht will ein Jugendlicher wissen, was es kostet, ihn in die Familien-Krankenversicherung aufzunehmen; manchmal aber geht es auch um die Vermittlung heikler Gefühle: »Jedesmal, wenn du so spät nach Hause kommst, denke ich, es ist dir vielleicht etwas zugestoßen. Ich sitze dann hier und habe Angst um dich.« Bestätigen können wir den anderen dadurch, daß wir wirklich nur die Informationen weitergeben, die wir für relevant und hilfreich halten, ohne »Gardinenpredigten« zu halten oder den moralischen Zeigefinger zu erheben.

Manchmal ist es auch notwendig, bestimmte Fragen zu stellen, um einen Sachverhalt verstehen zu können. Dann sollten wir darauf achten, daß wir keine Fangfragen formulieren oder den anderen in seiner Privatsphäre verletzen -

vor allen Dingen aber sollten wir den anderen nie »auf die Probe stellen«, wenn wir die Antwort auf eine Frage bereits kennen: »Horsti, wer, glaubst du, hat wohl mit dem Lutscher auf dem Sofa herumgeschmiert?« Statt auf diese Weise den Angesprochenen zu beschämen, sollten wir respektvolle Fragen stellen, die eine Situation aufklären helfen und einen positiven Beitrag zur Lösung eines Problems leisten.

Es kann uns helfen - und manchmal überraschende Ergebnisse bringen -, wenn wir feststellen, wie wir auf andere wirken. Umgekehrt sollten wir unsere Wahrnehmung einer anderen Person nicht in kritisierender Weise präsentieren, oder so, daß wir bereits unsere Interpretation mitliefern. Beispiel: »Weißt du, wenn Nelli und Fred manchmal Freunde zum Spielen hierhaben, seid ihr ganz besonders ironisch im Umgang mit ihnen und macht euch häufig über sie lustig«, und nicht: »Ihr benehmt euch wie neidische Gören, wenn eure Kinder ihre Freunde mitbringen - eifersüchtig und unsicher!« Man sollte durchaus nicht mit Einsichten hinter dem Berg halten, aber sich hüten, vorschnelle Schlüsse zu ziehen. Auf diese Weise überläßt man es den anderen, die Verantwortung für ihr Verhalten zu übernehmen, daraus zu lernen und sich vielleicht anders verhalten zu können.

Manchmal muß unsere Kommunikation die Form einer Verhandlung annehmen: Beide Beteiligte müssen das Problem kurz aus ihrer Sicht darlegen, ihre Bedürfnisse benennen und dann zusammen herausfinden, was jeder geben und annehmen kann.[1] Verhandlungen sind ein Prozeß, der beiden Seiten Respekt abverlangt und inneres Engagement fordert. Man sollte sich davor hüten, jemanden durch Tricks zur Zustimmung des eigenen Vorschlags zu bewegen. Das Ziel heißt: Kompromiß ohne Zwang. In Beziehungen, die positive und effektive Kommunikation beinhalten, sollten die meisten Interaktionen so ablaufen, daß niemand in eine Sackgasse gerät und daß so Verhandlungen möglichst nicht notwendig werden. Verhandlungen nämlich sind Energie-Fresser: Sie verlangen viel innere Beteiligung, das Ergebnis ist dann aber oft nur ein bescheidener Kompromiß. Das kann man nicht zu oft machen. Wenn aber im Laufe einer Beziehung solche Verhandlungen nötig werden, können beide Partner auf der Basis ihres Vertrauens und ihrer Bestätigung füreinander praktikable und sinnvolle Lösungen finden.

## *Ein guter Zuhörer sein*

Sorgfältiges Zuhören erleichtert offene Kommunikation. Wenn wir es riskieren, offen und ehrlich unsere Gedanken und Gefühle anderen mitzuteilen, brauchen und verdienen wir es, daß man uns sorgfältig zuhört. Ein aufmerksamer Zuhörer verbreitet eine Atmosphäre der Sicherheit und Ermutigung: Ihm kann man etwas mitteilen, mit ihm kann man Informationen und Gefühle teilen. Der erste Schritt in diese Richtung heißt: eine positive Atmosphäre des Zuhörens schaffen, indem man Ablenkungen beseitigt und dem Sprecher die volle Aufmerksamkeit schenkt. Es ist nicht immer nötig oder erwünscht, dabei sozusagen alle Aktivitäten einzustellen. Tätigkeiten, die nur wenig Aufmerksamkeit absorbieren - Kaffee kochen, zusammen Mittagessen, abtrocknen oder gemeinsam spazierengehen - sind oft gute »Begleiterscheinungen« für einen Einstieg in ein intimes Gespräch. Befindet sich jemand allerdings in einer akuten Krisensituation oder hat gerade einen starken Gefühlsausbruch - dann sollte man sofort alles stehen- und liegenlassen und der Sache seine ungeteilte Aufmerksamkeit schenken. Ansonsten sollte man versuchen, eine Zeit und eine Situation zu wählen, die eine persönliche Atmosphäre schafft. Wichtigste Voraussetzung ist jedoch die aufmerksame und aufnahmebereite Geisteshaltung des Zuhörers. Wenn jemand Sie mit der dringenden

Bitte überfällt, ihm einmal zuzuhören, während Sie gerade mit Kopfschmerzen zur Haustüre hereinkommen und noch vom Regen durchnäßt sind, dann ist die verantwortlichste Reaktion darauf: sanft aber sicher dem anderen zu sagen, daß Sie erst einmal ein paar Minuten brauchen, um sich auszuruhen, bevor Sie sich ihm richtig widmen können. Es kann aber auch Situationen geben, in denen man dem anderen deutlich machen muß: »Mir geht es selbst so schlecht, daß ich dir jetzt leider nicht helfen kann.« Auch dadurch kann man sich - so merkwürdig das klingt - als guter Zuhörer ausweisen; man vermittelt dann dem anderen nämlich: »Du verdienst es, daß man dir ungeteilte Aufmerksamkeit schenkt. Dazu bin ich jetzt leider nicht der richtige Mensch.«

Die Aufgabe des Zuhörers besteht darin, Interesse zu signalisieren und Anteilnahme zu zeigen. Der Erzähler möchte wissen, daß der Zuhörer auch wirklich ganz bei der Sache ist. Der Zuhörer kann das zum Beispiel dadurch demonstrieren, daß er sich in die Nähe des Erzählers setzt, seinen Blick klar und offen erwidert, sich selbst entspannt, gelegentlich ruhige Anmerkungen macht oder Signale aussendet wie: nicken oder den anderen berühren. Oft helfen auch einfache Aufmunterungen wie: »Und was ist dann passiert?« oder »Erzähl' ruhig weiter«. Die Reaktionen sollten kurz sein, kein Werturteil enthalten, der Situation angemessen sein und in einer Intensität vorgebracht werden, die dem entspricht, was der andere sagt; vor allem aber: Sie sollten darauf abzielen, es dem Erzähler so leicht wie möglich zu machen, das loszuwerden, was er auf dem Herzen hat.[2]

Ein aufmerksamer Zuhörer fragt gelegentlich nach, um sicherzugehen, daß er alles richtig verstanden hat. Aber diese Fragen sind nie dazu da, den anderen in einer bestimmten Richtung zu beeinflussen oder auf die Probe zu stellen. Von Zeit zu Zeit wiederholt der Zuhörer den Inhalt dessen, was gesagt wurde. Sollte er etwas falsch wiedergegeben haben, kann der andere das korrigieren; stimmt alles, dann bekommt der Sprecher das Gefühl, daß er genau das, was ihm wichtig war zu sagen, auch vermittelt hat. Beschwichtigungen oder vorschnell tröstend gemeinte Aussagen können einen solchen Prozeß der Kommunikation beenden, bevor er richtig begonnen hat. Eine Reaktion des Zuhörers wie »Aber so schlimm ist es doch nicht!« beinhaltet ein falsches Urteil über den Sprecher. Der Zuhörer muß sich klarmachen: Das, was die andere Person vorbringt, ist eine korrekte Schilderung ihrer Gefühle in diesem Augenblick. Diese Gefühle sind ehrlich und sollten dementsprechend akzeptiert werden.

Ein wichtiger Bestandteil des Zuhörens ist, die Schritte, die der andere unternimmt, um aus seiner schwierigen Situationen herauszukommen, zu registrieren und anzuerkennen: »Darüber hast du dir aber sehr gründlich Gedanken gemacht« oder »Diese beiden Lösungsmöglichkeiten kommen also für dich nicht in Frage, weil du sie schon ausprobiert hast und sie nicht funktioniert haben.« Oft gelingt es uns nicht, uns selbst einmal dafür zu loben, daß wir uns ganz schön anstrengen, aus einer Misere herauszukommen; da ist es Trost und Ermutigung zugleich, von einem Zuhörer zu erfahren, daß er diese Versuche bemerkt hat und anerkennt.

Wer sorgfältig zuhört, stiehlt dem anderen nie die Show, indem er besserwisserisch »die Lösung« offeriert oder ungebetene Ratschläge erteilt. Denn ein solches Verhalten signalisiert dem anderen nur, daß er für unfähig gehalten wird, sein Problem selbst lösen zu können. Dagegen sollte der Zuhörer durchweg nach dem Prinzip der Bestätigung handeln; zum Beispiel auch dann, wenn er das Gesagte kommentiert: »Was meinst du, was passieren könnte, wenn du dich so verhältst, wie du es jetzt vorhast?« oder »Wie könntest du diese Erkenntnis umsetzen?« Der Zuhörer demonstriert damit, daß er engagiert ist, ohne dem Erzähler die Sache aus der Hand zu nehmen.

Zuhören aber haben wir besonders schlecht gelernt. Die folgende Gruppenübung ermöglicht es jedem Teilnehmer, seine Fähigkeit zum Zuhören zu beobachten und Rückmeldung von anderen darüber zu bekommen. Die Gruppe wird aufgeteilt in Untergruppen von je drei (maximal vier) Teilnehmern. In jeder Kleingruppe bekommt eine Person die Aufgabe des Zuhörers, eine die des Erzählers und eine die des Beobachters (in Vierergruppen gibt es zwei Beobachter). Der Erzähler spricht drei Minuten lang über ein festumrissenes Thema, etwa: »Wenn ich eine Fernsehansprache an das deutsche Volk halten sollte, dann würde ich sprechen über..., und zwar deshalb, weil...« Während der Erzähler spricht, schenkt ihm der Zuhörer seine volle Aufmerksamkeit: er akzeptiert ihn, stellt - falls notwendig - Verständnisfragen, lenkt ihn sonst in keiner Weise ab. Die Beobachter konzentrieren ihre Aufmerksamkeit auf den Zuhörer. Nach drei Minuten wird der Zuhörer gebeten wiederzugeben, was er gehört hat; der Erzähler achtet darauf, ob seine Botschaft richtig angekommen ist. Dann geben die Beobachter dem Zuhörer Rückmeldung; zunächst heben sie seine besonderen Vorzüge hervor, dann benennen sie - falls vorhanden - die spezifischen Hemmnisse, die ihn davon abhalten, Informationen richtig aufzunehmen. Dann werden die Rollen getauscht. Nachdem jedes Gruppenmitglied die Möglichkeit hatte, sowohl Zuhörer wie Erzähler zu sein, versammeln sich alle wieder in der Groß-Gruppe, um darüber zu diskutieren, nicht nur was jeder Teilnehmer besonders schwierig daran fand, ein aufmerksamer Zuhörer zu sein, sondern auch was es für den Erzähler bedeutet hat, aufmerksame Zuhörer zu finden.[3]

## *Formen der Rückmeldung*

Rückmeldung zu bekommen und zu geben, gehört ganz wesentlich zu einer bestätigenden Kommunikation. Eine positive Rückmeldung ermutigt eher als sie kritisiert und sollte offen formuliert sein, ohne den anderen festzulegen. Wer gebeten wird, eine Rückmeldung zu äußern - durch Fragen wie »Was meinst du dazu?« oder »Was sollte ich tun?« - sollte das nicht als Aufforderung verstehen, dem anderen konkrete Veränderungsvorschläge zu machen. Das Feedback sollte weder Urteile noch Forderungen erhalten: Also statt »Du hast unrecht, du mußt das so machen...«, sollte sie eine Ermutigung beinhalten: »Wenn ich damit fertig werden müßte, würde ich wahrscheinlich...« Jeder Mensch muß für sich den besten Lösungsansatz finden, aufgrund seiner eigenen Wertvorstellungen und Lebenserfahrungen.

Ich-Botschaften[4], ein Kommunikationswerk, das Thomas Gordon in seinem Buch »Familienkonferenz in der Praxis« beschrieben hat, sind besonders gut dazu geeignet, einer Person über ihr Verhalten eine bestätigende Rückmeldung zu geben. Die Ich-Botschaft enthält Informationen, ohne den anderen zu beschuldigen oder sich sein Problem aufzuladen. Sie signalisiert Vertrauen in die Fähigkeit des anderen, sich verantwortlich seinem Problem stellen zu können. Ich-Botschaften beschreiben das Verhalten, um das es geht, die Gefühle, die es hervorruft und die möglichen Auswirkungen, die es auf die eigene Person haben kann: »Wenn du so jammerst und nicht richtig sagst, was du willst, bin ich frustriert, weil ich nicht genau weiß, was du mir sagen willst.« Eine Rückmeldung dieser Art ermöglicht es dem anderen, selbst zu beurteilen, wie sein Verhalten zu bewerten ist. Sie kennt weder fertige Antworten noch Patentrezepte für Lösungen, und doch ist sie spezifisch genug, den anderen zum Nachdenken anzuregen.

Wenn wir eine Rückmeldung über unser Verhalten bekommen, müssen wir uns selbst und auch den »Sender« bekräftigen, indem wir sie - ob sie positiv oder negativ ausfällt - als wertvolle Anhaltspunkte akzeptieren. Anhaltspunkte, die uns jemand liefert, der erlebt hat, wie wir mit ihm umgehen. Manchmal gilt: Je scharfsinniger die Rückmeldung, desto schwieriger ist sie zu akzeptieren und anzunehmen. Wie heißt es im Volksmund: »Wahrheit ist ein selten Kraut, noch seltener, wer sie wohl verdaut«. Manchmal sind wir versucht, uns nur von solchen Menschen eine Rückmeldung zu holen, die uns sagen, was wir hören wollen. Wenn wir niedergeschlagen sind und sicher gehen wollen, daß uns jemand aufrichtet, mag es eine gute Idee sein, sich von jemandem »Streicheleinheiten abzuholen«; doch wenn auch dann noch Zweifel und Probleme bestehen, ist es vielleicht besser, jemanden zu suchen, der eine »ehrliche Haut« ist und uns eine objektive Rückmeldung darüber geben kann, was wir vielleicht anders oder besser machen können - oder auch, was wir bereits sehr gut machen.

Auch wenn wir über eine Rückmeldung traurig sind, können wir daraus nützliche Informationen ziehen. Eine Rückmeldung kann in uns zum Beispiel Angst, Schuldgefühl, Ärger oder auch Erleichterung auslösen: »Ich muß das jetzt tun, aber es wird verdammt schwer werden«, »Ich habe mich geirrt«, »Genau das wollte ich nicht hören!« oder »Ich kann nichts weiter tun«. Die Verantwortung dafür, eine Rückmeldung zu akzeptieren oder abzulehnen, Anregungen daraus zu beziehen oder sie noch einmal zu überdenken, liegt bei der Person, die sie bekommt. Wer eine Rückmeldung anbietet, bestätigt den Empfänger, wenn er akzeptiert, welche Reaktionen und Gefühle auch immer sie an die Oberfläche bringt; und wenn er dann weiterhin ein guter Zuhörer bleibt, erlaubt er dem Empfänger, über seine Gefühle selbst frei zu verfügen und Verantwortung für sie zu übernehmen.

## *Gespräche in der Familie*

In jeder Familie sollte besondere Zeit und Aufmerksamkeit darauf verwendet werden, die Kunst des Gespräches wieder zu beleben. Alle möglichen Familienaktivitäten, die etwas mit Erzählen und Zuhören zu tun haben, sollten wieder verstärkt in den Mittelpunkt gerückt werden, da sie unschätzbare Gelegenheiten für bestätigende Kommunikation bieten. Ob es sich um abendliches Vorlesen handelt oder die Diskussion über Bücher, Zeitschriftenartikel,

Fernsehsendungen oder persönliche Erlebnisse - es ist wichtig, sich Zeit füreinander zu nehmen nach der Schule oder der Arbeit, vor dem Schlafengehen und so weiter, um die jeweiligen Reaktionen auf die Ereignisse des Tages auszutauschen. Diese Erfahrungen bieten jedem die Gelegenheit, in der sicheren Umgebung der Familie seine Vorstellungswelt zu erweitern, besonders dahingehend, wie Gefühle und Befindlichkeiten genauer zum Ausdruck gebracht werden können. Wir sind traurig - in welcher ganz bestimmten Weise? Wir sind einsam und verletzt - wie äußert sich das? Wie ist es für uns, glücklich, begeistert oder gut gelaunt zu sein?

Wer kleine Kinder hat, kann mit ihnen Spiele spielen, die Beziehungen und Wertvorstellungen zum Inhalt haben. So gibt es ein Spiel, das schon zwei Personen spielen können und mit dem sich die Zeit auf Reisen zum Beispiel sehr gut vertreiben läßt. Eine Person beginnt eine Geschichte mit einigen wenigen Eingangssätzen, etwa: »Es war eine kalte und stürmische Herbstnacht. Ich blickte aus meinem Schlafzimmerfenster und sah eine dunkle Wolke, die sich gerade vor den Mond schob. Plötzlich...« An dieser Stelle wird die Geschichte weitergegeben, und jede Person fügt ihr etwas hinzu, bis die Spieler beschließen, jetzt sei sie beendet.

Das Fernsehen ist der wichtigste Grund, der uns an Familiengesprächen hindert. Einerseits erweitert es unsere Informationsmöglichkeiten, andererseits kann es sich auf jedes Gespräch tödlich auswirken und unsere Beziehungen untereinander zum Erliegen bringen. Einmal angeschafft, stellt der Fernseher eine stets präsente Versuchung dar: Er ist unser Begleiter, ihm gegenüber brauchen wir uns nicht zu bemühen, anzustrengen oder zu rechtfertigen. Vielen Menschen gibt das Fersehen die Illusion von Kommunikation - allerdings einer sehr einseitigen. Fernsehen macht körperlich unbeweglich, absorbiert unsere Energien, lenkt uns ab; manche sagen sogar, es macht süchtig. Eltern, die ihren Kindern erlauben, endlos »vor der Glotze« zu sitzen, sollten Marie Winns Buch »Die Droge im Wohnzimmer« nicht nur lesen, sondern auch mit ihren Kindern darüber diskutieren.[5] Doch das Fernsehen ist in diesem Sinne nicht schlimmer als jeder andere Zeitvertreib, der als Ersatz für zwischenmenschliche Kommunikation und Beziehungen benutzt wird. Der Fehler liegt nicht darin, daß wir durch ein gutes Buch, ein Tennis-Match oder eine Lieblingssendung verführt werden - sondern darin, daß es uns oft nur unzureichend gelingt, anderen Menschen zu vertrauen und uns direkt mit ihnen auseinanderzusetzen. Das heißt nicht, daß wir unbedingt auf das Fernsehen oder andere Vergnügungen verzichten sollten. Aber wir sollten unseren Beziehungen zu anderen Menschen einen größeren Stellenwert einräumen. Wir müssen uns Zeit nehmen für solche Dinge wie zuhören, auf andere eingehen und unsere Gedanken und Gefühle offen ausdrücken. In der Familie nur gelegentlich (so hoffen wir!) gemeinsam fernzusehen und anschließend darüber zu sprechen, nimmt der »Droge« einiges von ihrer Wirksamkeit.

Durch die Erfahrung von Gesprächen in der Familie kann jedes Mitglied ein Repertoire unterschiedlicher Kommunikations-Stile entwickeln, das seine Fähigkeit steigert, sich sowohl zuhause wie in seiner weiteren Umgebung flexibel und bestätigend zu verhalten.

---

**Anmerkungen**

1. Eine vollständige Beschreibung dieses Vorgangs, siehe: »Positive Grenzen setzen«, S. 204
2. Siehe *Thomas Gordon:* Familienkonferenz in der Praxis (siehe Literaturverzeichnis, S. 217)
3. Siehe *Harvey Jackins:* The Human Side of Human Beings (siehe Literaturverzeichnis, S. 217)
4. Siehe Literaturverzeichnis, S. 217
5. Siehe Literaturverzeichnis S. 217

# 5.
# Gefühle verstehen und akzeptieren

Unsere Gefühle sind so natürlich und akzeptabel wie unser Atem. Jeder gesunde Mensch ist von Geburt an mit der Fähigkeit ausgestattet, eine breite Palette an Emotionen erleben und ausdrücken zu können - Freude, Wut, Aufregung, Furcht, Schmerz, Ärger und viele andere. Unsere Gefühle werden durch physikalische und psychologische Reize ausgelöst. Die individuelle (und größtenteils unbewußte) Auswahl einer gefühlsmäßigen Reaktion hängt von unserer körperlichen und seelischen Gesundheit ab, von der Information, die uns zur Verfügung steht und der Art, wie wir sie bewerten; und schließlich von dem Ausmaß, in dem wir uns und andere vertrauensvoll bekräftigen können. Stellen Sie sich zum Beispiel einmal vor, Sie sehen eine Person auf sich zukommen, die einen großen, stumpfen Gegenstand in der Hand schwingt. Es geht Ihnen körperlich gut, Sie können vernünftig denken, Sie leiden nicht unter Verfolgungsangst, es ist taghell, und Sie sind in einer vertrauten Umgebung - also erkennen Sie bei näherem Hinsehen das Kind ihres Nachbarn, das mit seinem Eishockey-Schläger in der Hand nach Hause kommt. Wenn Sie sich selbst und dem Kind trauen, werden sie es wahrscheinlich mit freundlichem Interesse willkommen heißen. Der gleiche Vorfall - erlebt bei Nacht, in einer ungewohnten Umgebung oder von einer überarbeiteten oder körperlich hilflosen Person - kann jedoch ebensogut ein Gefühl des Entsetzens auslösen. Wir reagieren, weil wir etwas erleben; und unsere Gefühle, *alle* Gefühle, sind ein Maß für die Art, wie wir unsere Umgebung und die Dinge, die uns persönlich wichtig sind, erleben. Wenn wir Gefühle verantwortlich zum Ausdruck bringen, kann uns das dabei helfen, uns selbst und andere einen Schritt weiterzubringen und Spannungen abzubauen, die unserer körperlichen und seelischen Stabilität schaden könnten.

## *Ein Blick auf uns selbst*

Um unsere Gefühle klar und konstruktiv ausdrücken zu können, müssen wir uns die Schattierungen unseres emotionalen Spektrums in unser Bewußtsein rufen und sie genau identifizieren. Wir neigen dazu, unsere Gefühle nebulos als Ärger oder Freude zu bezeichnen, als Glück oder Sorge, Haß oder Liebe; und sie ganz simpel als entweder gut oder schlecht zu klassifizieren. Auf diese Weise verwässern wir nicht nur die Bedeutung solcher beschreibenden Worte - wir zeichnen damit auch ein sehr begrenztes und undeutliches Bild unseres emotionalen Befindens. Tatsächlich sind die meisten unserer Reaktionen eine Mischung aus zahlreichen Gefühlen, die vielleicht manchmal nicht leicht auseinanderzuhalten sind.

Mitten in einer Auseinandersetzung passiert uns etwa folgendes: Wir haben das Gefühl, daß uns unrecht geschieht, spüren den Impuls, uns zu rächen, schlagen unser Gegenüber und haben Schuldgefühle und Gewissensbisse, daß wir uns nicht »zusammenreißen« konnten; alles zusammen würden wir wahrscheinlich mit »ich bin wütend« umschreiben. »Ärger« kann Gefühle von Enttäuschung, Aufregung, Hilflosigkeit, Furcht, Ablehnung und Gier enthalten, um nur einige zu nennen. »Ärger« kann eine persönliche Weiterentwicklung fördern oder sie behindern, je nachdem, wie er kommuniziert wird. »Liebe« kann solche Gefühle enthalten wie Bewunderung, Anbetung, Begierde, Schutzbedürfnis, Lust, Zärtlichkeit, Wärme oder das Bedürfnis, den anderen zu besitzen; auch hier gilt: je nachdem, wie sich »Liebe« ausdrückt, kann sie einen Menschen stärken und unterstützen - oder aber ihn einengen und quälen.

In den Monaten nach dem Tod meines Vaters versuchte ich, durch einen Dschungel von Gefühlen hindurchzusteigen, die ich vorher nur als »Trauer« bezeichnet hatte. Ich entdeckte, daß aus meiner ersten Schock- und Verzweiflungsreaktion inzwischen ein Kaleidoskop widerstreitender Gefühle entstanden war, die mich, wenn ich ihnen nicht endlich die gebührende Aufmerksamkeit schenkte, weiterhin lähmen und desorientiert lassen würden.

Als ich allmählich die sich stets wandelnden Gefühle auseinanderhalten konnte, war ich in der Lage, mich mit ihnen anzufreunden und sie als Anleitungen zu benutzen, mich durch meine Sorgen hindurchzuarbeiten. Manchmal war ich aufgeregt, ängstlich und verwirrt. Wenn mich diese Gefühle fest im Griff hatten, konnte ich mich - wie ich feststellte - zumindest ein wenig entspannen, wenn ich hart körperlich arbeitete und meinem Geist die Möglichkeit gab, sich mit den quälenden Fragen theoretisch auseinanderzusetzen. Als ich mich mehrmals in einer Situation ertappte, in der ich mich nur noch nach den alten Zeiten zurücksehnte, tröstete es mich, wenn ich gemeinsam mit meiner Mutter alte Bilder und Erinnerungsstücke in die Hand nahm.

Bei wieder anderen Gelegenheiten überkam mich eine überwältigende Einsamkeit, die innerlich an mir nagte; sie konnte ich verscheuchen, wenn ich mir einen stillen, sicheren Ort suchte, an dem ich mich ausweinen konnte. Es gab in mir Gefühle von Frustration und Ärger, wenn andere meine Trauer nicht teilten, oder von Beruhigung und Stolz, wenn ich feststellte, daß ich - obwohl der Schmerz mich hätte überwältigen können - dennoch die meisten meiner Aufgaben und Verpflichtungen wahrnehmen konnte. Auch mußte ich lernen, mir selbst zu vergeben und mich zu bestätigen, wenn ich nicht mehr tun konnte als ich tat. Da ich eine bewußte Entscheidung getroffen und eine Anstrengung unternommen hatte, meine Reaktionen zuzulassen, zu akzeptieren und ihnen Aufmerksamkeit zu schenken, konnte ich sie zu meinem Nutzen und zu dem meiner Umgebung einsetzen. Indem ich versuchte, genau herauszufinden, auf welche Weise ich traurig, unglücklich oder durcheinander war, konnte ich meine emotionale Energie konstruktiv wenden - für meine Heilung und für einen Neubeginn.

Häufig kennzeichnen Menschen bestimmte Gefühle wie etwa Liebe als »gut« und andere, etwa Ärger, als »böse«. Tatsächlich aber sind alle Gefühle mächtig genug, uns zu Handlungen zu bewegen, die entweder hilfreich oder schädlich sind. Gefühle selbst sind weder gut noch böse; es ist die Art und Weise, wie wir sie benutzen, die bestimmt, ob sich ein Gefühl positiv oder negativ auswirkt. Bestimmte emotionale Reaktionen verraten allerdings, ob wir eine Situation akzeptieren (Ja!) oder sie ablehnen (Nein!). Dabei ist es wichtig, sich auch hier zu vergegenwärtigen: Keine dieser Kategorien hat von sich aus eine konstruktive oder destruktive Absicht oder Auswirkung. Unsere Fähigkeit, Gefühle genau zu beschreiben, ermutigt uns dazu, uns der Nuancen von Emotionen mehr bewußt zu werden, genauer mitzuteilen, wie wir uns fühlen und herauszufinden, welche Handlungsschritte wir als nächstes unternehmen müssen. Wenn wir davon Abstand nehmen, Gefühle als entweder gut oder böse zu etikettieren, können wir lernen, alle Emotionen produktiv zu nutzen.

Ohne Bestätigung kann auch der Ausdruck solcher Gefühle, die normalerweise als positiv eingestuft werden, schädliche Wirkungen haben. Liebe kann weh tun, wenn sie eine persönliche Weiterentwicklung beschneidet oder behindert. Liebe kann einengend und erstickend wirken, wenn sie darauf besteht, daß der geliebte Mensch immer in der Nähe bleibt und sich auf jeden Fall nicht ändern wird. Etwa dann, wenn ein Vater sein dreijähriges »Baby« noch immer mit dem Löffel füttert, oder wenn eine Mutter sich standhaft weigert, ihrer 14jährigen »kleinen Tochter« zu erlauben, freitags abends zum Schulfest zu gehen. Sogar Vertrauen kann sich schädlich auswirken, wenn Eltern ihren Kindern erlauben, sich an gefährlichen oder exzessiven Verhaltensweisen zu versuchen, oder wenn sie einer bedrohlichen Wirklichkeit blind gegenüberstehen. Es gibt Eltern, die behaupten: »Ich brauche meinen Kindern keine Verbote aufzuerlegen. Meine Kinder sind so toll, die geraten nicht in Schwierigkeiten.« Obwohl diese Art von Bestätigung gut klingt, unterschätzt sie das Bedürfnis von Kindern, Neues hinzuzulernen und Dinge auszuprobieren. Sie übersieht die Zwänge und Versuchungen unserer vielgestaltigen Umwelt. Sie läßt die Elemente des Engagements und der Kommunikation außer acht, die Prinzipien gegenseitigen Lernens, die so wichtig sind, um junge Menschen darin unterstützen zu können, ein Verhalten zu wählen, mit dem sie ihre Intelligenz und ihr »toll-Sein« unter Beweis stellen.

»Negative« Gefühle können - wenn sie kreativ kanalisiert und sorgfältig zum Ausdruck gebracht werden - positive Auswirkungen haben auf die Persönlichkeitsentwicklung. Ärger kann zum Beispiel durchaus nützlich sein, wenn er dazu führt, daß wir etwas gegen Ungerechtigkeiten unternehmen. Angst hilft uns, wenn sie uns vor Verletzungen bewahrt. »Nein« zu sagen und so zu empfinden, kann uns durchaus demonstrieren, daß wir an die Möglichkeiten unserer Mitmenschen glauben und mit Engagement bei der Sache sind. Ein Vater, der sich über die Handlungen oder Wertvorstellungen seiner Tochter aufregt und der seine Ablehnung ausdrücken kann, ohne die Tochter anzugreifen, bestätigt sein Kind, indem er offen und respektvoll mit ihm kommuniziert. Er kann zum Beispiel sagen: »Mir ist aufgefallen, daß dein Freund Robbi sich in letzter Zeit so merkwürdig benimmt; er scheint sich in sich zurückzuziehen. Ich habe das Gerücht gehört, daß er Drogen nimmt. Zu wissen, daß du bei ihm bist, macht mich ganz nervös; besonders, wenn du mit ihm in seinem Auto wegfährst.«

Auf diese Weise kann die Tochter auf die Sorge und Furcht ihres Vaters eingehen, statt sich oder ihren Freund verteidigen zu müssen.

Die Antwort der Tochter könnte vielleicht lauten: »Ich mache mir auch Sorgen um Robbi, aber ich will ihn nicht einfach fallen lassen. Es stimmt, manchmal ist es gefährlich, mit ihm zu fahren, wenn er etwas genommen hat. Ich will schon die ganze Zeit mit ihm reden, aber ich habe mich bis jetzt immer davor gedrückt. Ich will nicht, daß er sich über mich lustig macht oder meint, ich hätte sie nicht mehr alle. Ich bin froh, daß du davon angefangen hast. Ich denke, uns geht es beiden besser, wenn ich mich entschieden habe, wie ich jetzt mit ihm umgehen soll.«

Eine andere Jugendliche würde vielleicht die Sorge ihres Vaters herunterspielen, indem sie etwa sagt: »Ach komm, Paps, du übertreibst mal wieder maßlos. Du weißt einfach nicht, wovon du sprichst.« Wahrscheinlich würde sich der Vater darüber ärgern, derart »abgebügelt« zu werden - das wäre auch eine verständliche Reaktion. Wenn es ihm jedoch gelingt, diesen Ärger angemessen auszudrücken, kann das beiden Seiten deutlich machen, wie stark die Angst des Vaters tatsächlich ist und wie sehr er sich darum bemüht herauszufinden, was wirklich los iat. Ärger, der nicht in einem Angriff mündet, kann ein sehr wirkungsvoller Weg sein, Frustrationen mitzuteilen und darauf zu bestehen, angehört und ernst genommen zu werden.

So könnte der Vater etwa erwidern: »Halt mal, ich sage dir, daß ich Angst habe! Da das die Art und Weise beeinflußt, wie wir miteinander umgehen und auskommen, solltest du das wissen. Ich stimme dir zu: Ich weiß tatsächlich nicht, was mit Robbi los ist, aber ich weiß genau, wie es mir geht, wenn du mit ihm wegfährst, und das wollte ich dir einmal in aller Deutlichkeit sagen. Ich möchte ja auch wissen, was wirklich los ist, und wie es dir dabei geht.«

Diese Mitteilung kann die »dicke Luft« bereinigen und ein offenes Gespräch über Vertrauen, Freundschaft, Konformitätsdruck, Drogenabhängigkeit oder andere Themen ermöglichen; sie kann zu einer Problemlösung beitragen oder deutlich machen, daß es da ein Problem gibt, an dem man noch lange arbeiten muß. Das Konzept der Affirmation beinhaltet konstruktive Informationen, sowohl über positive wie über negative Gefühle; sie alle sind wichtige Bestandteile reichhaltiger Beziehungen.

In unserer Gesellschaft kommt es oft zu einem Teufelskreis aus Furcht und Argwohn gegenüber allen möglichen Gefühlen. Er entsteht aus mangelnder Kenntnis über die Art von Emotionen. Wir behandeln unsere Gefühle oft wie Fremdkörper - so, als seien sie uns nicht vertraut und merkwürdig, ja sogar bedrohlich. Wir vermeiden sie, verdrängen sie aus unserem Bewußtsein, hoffen, von ihnen verschont zu werden, damit unser Leben nicht »in Unordnung« gerät. Wenn ein Kind schlechte Laune hat und quengelt, handeln wir schnell, um es zu trösten oder abzulenken, als ob wir durch das »Löschen« des Verhaltens auch das Gefühl oder seine Ursache auslöschen könnten. Das Problem kann sich dadurch aber eher verstärken. Wenn die schlechte Laune eines Kindes einfach ein Zeichen dafür ist, daß es sich langweilt, dann ist diese Langeweile ein Zeichen dafür, daß tiefere Gefühle von Frustration oder Zurückweisung berührt worden sind, die vielleicht ihrerseits auf ein Gefühl der Unsicherheit verweisen. Eine Ablenkung kann möglicherweise das Quengeln des Kindes unterbinden. Genausogut aber kann es auch sein, daß man es dadurch zwingt, seine tieferen Gefühle wieder in den Bereich des Unbewußten zu verbannen. Dabei sollte man diesen tiefsitzenden Gefühlen eigentlich besondere Aufmerksamkeit schenken. Um die Unsicherheit und Ängstlichkeit zu verringern, die häufig mit Gefühlen verbunden sind, muß man sich ihnen aussetzen, sie akzeptieren, sorgfältig untersuchen, und wenn möglich sich mit ihnen anfreunden und sie als Beitrag zum Selbst-Verständnis begrüßen.

## *Gefühle müssen ausgedrückt werden*

Emotionale Energie ist kinetische Energie, denn sie sucht nach einer Form des Ausdrucks, wenn nicht in Worten oder Gedanken oder offener physischer Aktion, dann in einer inneren Körperreaktion oder einer Verstärkung einer seelischen Einstellung. Emotionale Energie kann sich in einer Gemütsverfassung äußern wie Zufriedenheit, Aufgeregtheit oder Depression; oder in Tränen, Zittern, Lachen, Gähnen oder unfreiwilligen körperlichen Reaktionen wie Ausschlag, Magenschmerzen oder einer Ohnmacht. Die Emotionen können in eine bewußte, äußere Aktion umgewandelt werden wie eine Umarmung oder eine Ohrfeige. Der Ausdruck emotionaler Energie kann weitere Handlungen entweder auflösen oder einleiten. Wenn er destruktiv übermittelt wird, führt er oft zu Zerstörung von Dingen oder gar Menschen; unterdrückt wirkt er oft wie ein überhitzter Schnellkochtopf: An irgendeiner Stelle muß Dampf abgelassen werden, sonst gibt es eine Explosion. Unsere Gefühle enthalten eine bewegende, oft geradezu turbulente Kraft, die konstruktiv gewendet werden muß.

Als mein jüngstes Kind neun Monate alt war, wurde es mit einer Hirnhautentzündung ins Krankenhaus eingeliefert. Ohnmächtig und dem Tode nahe, hatte es so starke Schmerzen, daß die leiseste Berührung ihm unerträgliche Qualen bereitete. Tagelang konnte ich buchstäblich nichts tun außer an seinem Bettchen sitzen und beten. Ich durfte nur deshalb an seiner Seite bleiben, weil ich äußerlich gelassen blieb; aber in meinem Innern tobten die Gefühle so wie in seinem kleinen Körper das Fieber und die Schmerzen. Meine Gefühle verlangten, ich sollte etwas tun; so erlegte ich mir kleine Pflichten auf wie: die Infusionstropfen zählen, um mich zu vergewissern, daß der Tropf richtig eingestellt war; zu meinem Kind sprechen oder ihm etwas vorsingen, in der Hoffnung, es könnte mich hören und begreifen, wie sehr ich es liebte und wie viel mir daran lag, daß es am Leben blieb; gelegentlich stellte ich mich auch direkt seinen Schmerzen, indem ich ihm das Fieberthermometer in den Mund schob oder die Windeln wechselte. Diese kleinen Möglichkeiten, mich sinnvoll zu betätigen, schienen unzureichend angesichts der enormen Angst, Trauer und Schuldgefühle, die mich innerlich zerfraßen; aber sie hielten mich in Gang und wurden mir auferlegt von den klugen Ärzten und Schwestern, denen wohl weitaus mehr als mir über diesen zweiseitigen Heilungsprozeß bekannt war.

Immer, wenn man mir gut zuredete, ich sollte doch in der Krankenhausmensa eine Kleinigkeit essen, »um bei Kräften zu bleiben«, bekam ich sofort Magenkrämpfe. Wenn ich nachts gezwungen war, nach Hause zu gehen, um »ein paar Stunden zu schlafen«, konnte ich nur in der Dunkelheit sitzen und trostlose Tränen vor mich hinweinen. Durchhalten bedeutete, mich zurückzuhalten, doch die Gefühle mußten irgendwo hin. Wie durch ein Wunder wurde Gregg wieder vollkommen gesund. Er bekam zu der Zeit, als er es am meisten brauchte, genau die Aufmerksamkeit und Pflege, die er benötigte, um erfolgreich gegen seine schwere Krankheit ankämpfen zu können. Für mich jedoch ist der Heilungsprozeß nach wie vor nicht abgeschlossen.

Auch heute noch, 14 Jahre danach, kriecht die Angst in mir hoch und schnürt mir die Luft ab, wenn Gregg auch nur eine Grippe bekommt. Am liebsten würde ich ihn dann sofort ins Bett packen, die Türen verschließen und als stumme, rastlose Wächterin bei ihm sein, bis es ihm wieder gut geht. Auch heute noch fühle ich mich dann zerrissen zwischen dem Bedürfnis, meine Angst unter Kontrolle zu halten, damit sie Gregg nicht negativ beeinflußt, und dem Bedürfnis, sie zu akzeptieren und ihr ein Ventil zu schaffen, damit sie mich nicht so stark beeinträchtigt. Wenn ich dann eine Vertrauensperson in meiner Nähe habe, kann ich mich ausweinen und damit die aufgestaute Energie dieser alten, tiefsitzenden Gefühle loswerden.

## *Gefühle bewirken Veränderung*

Vielleicht ist uns ein Gefühlsausbruch deshalb so unangenehm, weil wir ahnen oder wissen, daß Emotionen Handlungen auslösen können. Wenn Gefühle an die Oberfläche dringen, haben sie etwas Unvorhersagbares: Die Aussicht, daß die Dinge anfangen sich zu verändern, beunruhigt uns. Beginnt eine Person zu schreien oder zu weinen, dann merken sie selbst und die Menschen ihrer Umgebung, daß ihre Sicherheit (oder zumindest ihr Status Quo) bedroht ist. Manchmal versuchen wir, Veränderungen gedanklich vorwegzunehmen, indem wir vorhersagen, wie diese Veränderung wohl aussehen wird. Ein Beispiel: Jemand hat erlebt, daß ein Wutausbruch sich zerstörerisch ausgewirkt hat, weil eine andere Person dabei verletzt wurde. Unbewußt kann er jetzt daraus den Schluß ziehen, daß Ärger oder Zorn automatisch mit Gefahr verbunden sind. Wenn er dann in einer Situation mitbekommt, daß sich Ärger aufstaut und eine »Ruhe vor dem Sturm« eintritt, bereitet er sich innerlich auf das Schlimmste vor - und handelt entsprechend. Auf diese Weise kann sich die unbewußte innere Prophezeiung oft erfüllen. Wenn man aber Gefühle wie Ärger als normal akzeptiert und in einer Situation vertrauensvoll zum Ausdruck bringt, ohne daß andere bedroht und attackiert werden - dann kann ihre Energie so kanalisiert werden, daß eine klare Einschätzung der Situation möglich wird. Gefühle anzuerkennen und offen zu zeigen, mag uns zwar aus unserer Bequemlichkeit reißen, das Ergebnis ist dann aber auch oft ein positives. Wenn wir gezwungen sind, Dinge und Beziehungen noch einmal zu überdenken, können wir zu ihnen wieder ein neues Verhältnis bekommen.

## *Gefühle angemessen ausdrücken*

Kleine Kinder betrachten ihre Gefühle als ganz natürlich; sie hinterfragen nicht, ob sie denn »wirklich« oder angemessen sind. Kinder zeigen sowohl positive wie negative Emotionen ohne irgendwelche Gewissensbisse. Mehr noch: Sie lassen alle ihre Gefühle heraus - ob Freude, Schmerz, Frustration oder was auch immer, und zwar mit einer Art Begeisterung, voller Eifer und mit starker Intensität. Sie strahlen Zufriedenheit aus, wenn sie etwas erreicht haben. Ärgern sie sich, dann bekommt man ihr Jammern und Wehklagen so lange zu hören, bis sie den Ärger »ausgestanden« haben - und dann ist es so, als wäre nichts gewesen. Andererseits greifen Kinder oft zu Ausdrucksmitteln, die - statt ihre Energie konstruktiv zu wenden - zerstörerisch und verletzend wirken. Wenn sie mit ihrer Art der Kommunikation Mißfallen ernten oder auf Ablehnung stoßen, vermischen sich ihre ursprünglichen Gefühle mit anderen, wie Versagen, Schuld oder Zurückweisung. Ein zweijähriges Kind, das unter Geschwisterrivalität leidet, äußert vielleicht seine Eifersucht dadurch, daß es beißt. Für eine kleine Person, die noch nicht alt genug ist, um argumentieren zu können oder noch keinen großen Wortschatz hat, kann das ganz wörtlich bedeuten: »Du tust mir weh; jetzt tue ich dir weh.« Unterbricht man das Kind und sagt ihm: »Ich weiß, daß du dich ärgerst, aber du darfst nicht beißen. Du tust deinem Geschwisterchen damit weh«, kann das Kind sich erst recht ermuntert fühlen, nach dem Motto: »Ja klar tut das weh, wenn ich beiße. Genau das soll es auch.« Das Kind wählt ein Verhalten, das seinen Bedürfnissen entgegenkommt. Wenn es nur durch Beißen oder durch eine nachfolgende Bestrafung wie Ausschimpfen oder Schlagen die ersehnte Aufmerksamkeit auf sich ziehen kann, wird es diese Methode immer wieder wählen.

Verhindert unsere Gefühlsäußerung positive Aufmerksamkeit oder konstruktives Problemlösen, dann sollte sie unterbrochen und statt dessen eine neue Form erlernt werden, die es ermöglicht, Gefühle herauszulassen und dabei positive Ergebnisse zu erzielen: »Carola, wenn du so wütend bist, daß du am liebsten um dich beißen möchtest, dann nimm dazu ein Kissen oder einen Apfel, aber beiß' weder Kinder noch Erwachsene. Wenn du auf mich wütend bist, dann erzähle mir, was es ist, und ich höre dir zu (siehe »Aufmerksam zuhören«, S. 178). Wenn du auf Jens wütend bist, dann setze ich mich dazu, wenn du es ihm sagst (siehe »Unterstützende Anwesenheit«, S. 214), oder ich tue so, als wäre ich Jens, und du schimpfst mit mir (Rollenspiel); aber du darfst nie einen Menschen beißen.«

Kinder brauchen Unterstützung, um ihr emotionales Potential gesund und produktiv ausleben zu können. Man muß ihnen beibringen, daß alle Gefühle ebenso natürlich wie akzeptabel sind, und sie ermutigen, sich auf nicht zerstörerische Weise zu äußern. Dazu müssen Erwachsene selbst erst einmal lernen, ihre Gefühle offen zu äußern und konstruktiv zu wenden. Ein Kind wird nämlich verwirrt und schuldbewußt reagieren, wenn seine Eltern ihm sagen, daß es schon in Ordnung ist, wenn sie weinen, es aber selbst nie tun; oder wenn seine Mutter oder sein Vater auf es einschlagen, obwohl sie ihm doch selbst gesagt haben: »Du mußt lernen, deine Gefühle unter Kontrolle zu halten, also nie jemanden schlagen!« Gefühle offen und auf akzeptable Weise ausdrücken zu können, ist eine ganz wichtige und altersunabhängige menschliche Eigenschaft.

In unserer Jugend bekommen wir oft mehrdeutige Botschaften darüber, was ein angemessener Gefühlsausdruck ist. Es gibt einen enormen sozialen Druck, sich entsprechend irgendwelcher Rollen oder populärpsychologischer Vorstellungen zu verhalten. Dabei kann sich unser Gefühlsleben im Laufe unseres Lebens durch unsere je unterschiedlichen Erfahrungen stark abweichend von der »Norm« entwickeln. Ein Erwachsener, der seinen Gefühlen in aller Öffentlichkeit freien Lauf läßt, wird schnell als

»schwach« und »weichlich« eingestuft. Andererseits: Wer niemals ein Gefühl herausläßt, wird oft als »hart« oder »kalt« bezeichnet. Bei männlichen Kindern wird bereits sehr früh jede Regung unterbunden, andere zu umarmen oder zu weinen. Aggressive Verhaltensweisen wie Raufereien dagegen werden als normal und selbstverständlich betrachtet. Frauen dürfen ihr ganzes Leben lang ihren Tränen freien Lauf lassen, doch als Erwachsene wird von ihnen verlangt, daß sie dies im stillen Kämmerlein tun, nicht in aller Öffentlichkeit, da sie sonst nicht als »reif und ausgeglichen« gelten. Ein negatives Gefühl wie Ärger dürfen Frauen nur in einer Form zum Ausdruck bringen, die kurz vor körperlicher Aggression stehenbleibt. Einige Erwachsene gewöhnen es sich an, Sex als Vehikel für eine Vielfalt an Emotionen zu benutzen.

Zeigt ein Erwachsener ein Gefühl ganz offen, wird das meist als ein Zeichen dafür betrachtet, daß er »sich nicht mehr in der Gewalt hat«, die Kontrolle über sich verliert. Und so werden Frauen - denen man im Laufe ihrer Sozialisation stets mehr Gefühlsäußerungen zugestand - heute noch als schwaches Glied in der menschlichen Kette betrachtet, sobald es etwa um verantwortungsvolle Positionen im Berufsleben geht; dort gehört ja perfekte Selbstkontrolle zu den wichtigsten geforderten Eigenschaften. Man hat Angst, eine Frau könne »gefühlsduselig« (das soll heißen: emotional und nicht verstandesgemäß - und damit falsch) handeln, vor allem, wenn sie unter Druck steht.

In dieser verdrehten Logik werden emotionale Reaktionen ohne die dazugehörigen Individuen betrachtet und alle möglichen irrationalen Unheilserwartungen auf sie projiziert. Es stimmt: extreme Gefühlsduselei - also ein Zustand, in dem eine Person nicht mehr rational denken kann oder glaubt, keine Kontrolle mehr über ihre Gefühle zu haben - kann ein Zeichen für einen Zusammenbruch sein; genausogut aber das Gegenteil, das absolute Fehlen jeglicher Gefühlsregung. Eine ausgewogene, konstruktive Kommunikation von Gefühlen dagegen verweist darauf, daß Informationen und Energien verantwortlich genutzt und in Richtung auf eine positive Fortentwicklung gelenkt werden. Äußern Erwachsene ihre Emotionen und akzeptieren sie, geben sie damit ihren Kindern ein gutes Beispiel, wie diese ihre eigene emotionale Energie für ihre Persönlichkeitsentwicklung nutzbar machen können.

## *Mit Gefühlen umgehen, statt sie zur Schau zu stellen*

Es gibt einen feinen Unterschied zwischen einer Situation, in der jemand seine Gefühle äußert und damit einen Schritt weiterkommt, und einer anderen, in der durch einen Gefühlsausbruch lediglich Aufmerksamkeit errungen oder andere zu Handlungen gezwungen werden sollen. Wenn man nicht die Absicht hat, eine emotionale Reaktion tatsächlich als Grundlage für eine ehrliche Auseinandersetzung zu benutzen - als Reaktion, die geteilt, verstanden, bewertet werden soll; die zu gegenseitigen Einsichten verhilft oder zu einer Lösung drängt -, dann muß man offen und ehrlich zugeben: Das ist jetzt ein Verhalten, das »auf Show aus« ist oder »etwas demonstrieren« soll - ein unproduktives, ja im Grunde schädliches Verhalten.

Wer auf unakzeptable Art Gefühle äußert, unterminiert damit Vertrauen und kooperatives Verhalten und verhindert, daß seine Gefühle auf verantwortungsvolle Weise angenommen werden können. Die Aufmerksamkeit gilt dann der »schauspielerischen Leistung« statt dem eigentlichen Anlaß für den Gefühlsausbruch. Wenn jemand zum Beispiel immerzu klagt und jammert, um sein Ziel zu erreichen, kann es sein, daß er schließlich weitgehend unbeachtet bleibt, da die Menschen seiner Umgebung sich nicht länger von ihm erpressen lassen wollen. Nicht selten wird ein Gefühlsausbruch gezielt eingesetzt, um etwas zu erreichen, und zwar, daß *andere* sich ändern müssen: »Tu, was ich will, und zwar sofort!« Dadurch wird oft die Gelegenheit versäumt, sich mit anderen zu unterhalten und sich dadurch auch selbst zu verändern. In solchen Fällen, in denen ein Gefühlsausbruch so eingesetzt wird, daß er den anderen sanft oder brutal in eine bestimmte Richtung zwingt,

sollte man ihn unterbrechen, ausdrücklich benennen und zu ändern versuchen.

Die sechsjährige Mia »nölt« immer, wenn sie etwas will. Ihre Mutter könnte jetzt so vorgehen, daß sie das Verhalten unterbricht und sagt: »Mia, wenn du mich brauchst, um dich auszuweinen, dann werde ich dich in meine Arme nehmen. Oder wenn du mit mir über etwas reden willst, dann will ich dir gerne zuhören. Aber ich kann dich nicht verstehen, wenn du so weinerlich bist. Sagst du mir bitte, was von den beiden Dingen du willst?« Wahrscheinlich muß die Mutter diese bestätigende, aber feste Position noch einige Male einnehmen, bevor sich Mia sicher genug fühlt, nicht dramatisieren oder quengeln zu müssen, um sich Gehör zu verschaffen.

Man sollte andererseits einen Gefühlsausbruch niemals ignorieren, denn er kann auf tiefere Bedürfnisse verweisen, die man ansprechen muß; oder er ist ein Zeichen dafür, daß der Betreffende gelernt hat: Emotionale Manipulation ist ein leichter Weg ans gewünschte Ziel. In solchen Fällen sollte man sich nicht scheuen, das eigene Unbehagen an dieser »Demonstration« zum Ausdruck zu bringen, aber gleichzeitig signalisieren, daß man bereit ist, über das »Eigentliche« mit dem anderen zu sprechen.

## *Gefühle anderer akzeptieren*

Gefühle zu akzeptieren, bedeutet, den anderen zu bestätigen. Wir zeigen damit, daß wir verstanden haben, wie viel emotionale Energie manchmal notwendig ist, um einen Schritt weiterzukommen. Dabei müssen wir uns darüber im klaren sein, daß Gefühle die Lebenserfahrungen und Wertvorstellungen eines Menschen widerspiegeln. Es sind *seine* Gefühle, *er* hat die Verantwortung dafür, sie konstruktiv umzusetzen. Als Unterstützungspersonen haben wir die Aufgabe, diese Gefühle - ob negativ oder positiv - zu akzeptieren. Und das ist oft eine schwere Aufgabe. Wer es nötig braucht, einmal seinen Ärger herauszulassen, dem fällt es leichter, wenn wir in der Nähe bleiben, aufmerksam zuhören und dem anderen die Möglichkeit geben, auch körperlich seinem Ärger Luft zu machen; etwa indem wir einen langen Spaziergang mit ihm machen oder ihm ein Kissen geben, auf das er einschlagen kann, oder ihm das Gefühl geben, er kann in unserer Gegenwart schreien oder weinen, ohne sich dessen schämen zu müssen oder daran gehindert zu werden. Diese Art von Unterstützung signalisiert dem anderen, daß Gefühle wichtig und es wert sind, daß man ihnen besondere Aufmerksamkeit schenkt.

Werden wir mit negativen Gefühlen uns gegenüber konfrontiert, so müssen wir uns daran erinnern, daß diese Gefühle uns nicht notwendigerweise als gesamte Person richtig wiedergeben, sondern eher die Wahrnehmung des anderen und seine Reaktion auf uns widerspiegeln: »So sieht er mich, solche Gefühle löse ich in ihm aus - unter bestimmten Umständen oder wenn ich mich auf ganz bestimmte Weise verhalte.« Sagt uns jemand: »Ich hasse dich!«, heißt das nicht unbedingt, daß er uns auf keinen Fall mag. Auch wenn der andere seine Gefühle so negativ äußert, sollten wir nicht das Gefühl selbst leugnen, sondern die Art, *wie* es geäußert wird, zum Anlaß nehmen, es anzusprechen und - wo möglich - in eine positive Richtung zu lenken. Wir sollten durchaus den Mut und die Ehrlichkeit ansprechen, die es den anderen gekostet hat, sein Gefühl so direkt zu äußern. Anschließend können wir - vor dem Hintergrund der Selbst-Bestätigung - herauszufinden versuchen, was in unserem eigenen Verhalten und im Bedürfnis des anderen zu dieser Reaktion geführt haben mag. Erst dann können wir sie bewerten und darüber verhandeln, welche Schritte zur Veränderung der Beziehung wirklich notwendig sind.

Paradoxerweise ist es uns oft unangenehm, wenn Menschen ihre positiven Gefühle uns gegenüber zeigen - obwohl wir doch alle nach Bestätigung suchen und sie durchaus verdienen. Manchmal werden wir verlegen und wissen nicht, was wir darauf antworten sollen. Ein andermal haben wir das Gefühl, der andere habe unrecht: »So gut bin ich doch gar nicht. Ich verdiene das nicht.« Gelegentlich machen wir uns auch Sorgen: »O je, was kommt jetzt? Was erwartet der von mir?« Auch hier ist es sinnvoll, sich daran zu erinnern, daß die Gefühle eines anderen Menschen ihm allein gehören. Sie zeigen, wie er uns wahrnimmt. Wir haben die Möglichkeit, etwas über uns selbst zu erfahren, indem wir zu hören bekommen, welche Gefühle wir in anderen auslösen; doch nur wir können letztlich wissen, ob die Art, wie uns die anderen sehen, damit übereinstimmt, wie wir wirklich sind. Ideal ist es, wenn es uns gelingt, beides miteinander in Übereinstimmung zu bringen.

# 6.
# *Wertvorstellungen: Richtlinien für unser Leben*

Wir müssen uns ständig unserer Wertvorstellungen bewußt sein. Sie sind die richtungsweisenden Grundüberzeugungen, die unser Verhalten steuern; sie bestimmen, welche Freunde, Beschäftigungen und Besitztümer wir suchen, wie wir das tun und was wir unternehmen, um sie zu behalten. Ob sie stark, schwach oder ambivalent sind – in allem, was wir tun und sagen, sind sie enthalten und werden mit ausgedrückt.

Sind unsere Vorstellungen klar und eindeutig, können sie uns dazu motivieren, uns in eine positive Richtung zu entwickeln. Genauso wie wir unsere Fähigkeiten und unser Wissen steigern, müssen wir unsere moralischen Wertvorstellungen weiterentwickeln, weil sich danach ihre Anwendung richtet. Ob wir unsere Stärken und Erfolge uns selbst bestätigen und andere sie uns bestätigen, hängt davon ab, wie gut es uns gelingt, die leitenden Wertvorstellungen herauszufinden, die unsere Entscheidungen intuitiv steuern. Auch müssen wir feststellen, ob und wie wir unsere Entwicklung und unsere Effektivität behindern: Manchmal geschieht das unbewußt, indem wir an Wertvorstellungen hängen, die nicht wirklich die unsrigen sind oder indem wir andere außer Acht lassen, die unsere Fortentwicklung fördern könnten. Jeder Mensch hat ein System von Wertvorstellungen, das ebenso charakteristisch und einzigartig ist wie sein Fingerabdruck. Einflüsse von Familie, Religion, Schule, Nachbarschaft und Arbeitsumgebung können zwar die Bandbreite persönlicher Wertvorstellungen in gewisser Hinsicht beeinflussen, doch letztlich kann jedes Individuum nur die Überzeugungen in seiner Persönlichkeit verankern, die sich ihm durch bestimmte Lebenserfahrungen als sinnvoll erwiesen haben.

Diese auf den einzelnen zugeschnittenen und nach gründlicher Prüfung akzeptierten Werte sind es, die seine Handlungen und Entscheidungen leiten. Jeder von uns entwickelte im Laufe seines Lebens einen moralischen Kodex von »Du sollst«- und »Du darfst nicht«-Überzeugungen, für die wir auf die Barrikaden gehen würden: Ob man den »kategorischen Imperativ« für sich beansprucht oder nach der Devise lebt: »Wer sein Kind liebt, der züchtigt es« oder negative Grenzen zieht wie »Lüge nie!« oder »Nie wieder Krieg!« – solche Konzepte sind Grundwerte; sie werden gepriesen, stolz zur Schau gestellt, freiwillig aus einer Reihe von möglichen Überzeugungen ausgewählt, um sich im eigenen Handeln danach zu richten. Solche Moralvorstellungen bestimmen, wofür und wogegen wir sind; sie werden Teil unserer Persönlichkeit und stehen für unsere Suche nach grundlegenden Wahrheiten: Was ist wichtig und wesentlich, was überflüssig und unerwünscht. Nach unserem moralischen Kodex entscheiden wir, wie wir uns verhalten, was wir bekämpfen und welche Unterstützung wir suchen.

## *Wertvorstellungen entwickeln*

Die erste und wahrscheinlich einflußreichste Instanz, die uns moralische Werte vermittelt, ist die Familie. In ihr finden auch die oft schmerzhaften Auseinandersetzungen statt, durch die Kinder lernen, welche Werte sie für sich akzeptieren und welche sie ablehnen. Bewußt oder unbewußt bringen Eltern ihren Kindern ihre eigenen Moralvorstellungen nahe, durch ihre Handlungen und emotionalen Reaktionen, durch die Regeln und Grenzen, die sie setzen und durch die Gewohnheiten und Traditionen, die sie ihren Kindern weitergeben. Ob ein Kind die Wertvorstellungen der Eltern auch für sich selbst übernimmt, hängt von der

Persönlichkeit des Kindes ab, der Offenheit, mit der diese Werte dem Kind nahegebracht werden und ihrer Bedeutung für das Kind im Vergleich zu »konkurrierenden« Werten.

Zahlreiche Wertvorstellungen übernehmen die Kinder einfach von ihren Eltern, weil sie sich als nützlich und angemessen herausstellen und weil sich angenehm mit ihnen leben läßt. Andere werden nur äußerst oberflächlich befolgt, weil das Kind seinen Eltern einen Gefallen tun oder nicht anecken will – oder einfach nur deshalb, weil es keine Alternative hat. Es gibt aber auch immer wieder moralische Überzeugungen der Eltern, die von den Kindern abgelehnt werden. Das liegt daran, daß entweder die Wertvorstellung an sich oder die Art, wie sie dem Kind nahegebracht wird, diesem gegen den Strich geht, nicht seiner Wahrnehmung entspricht und nicht in sein entstehendes Weltbild paßt.

Im Grunde sind wir unser Leben lang damit beschäftigt, unsere Moralvorstellungen zu überprüfen und immer wieder auf den »neuesten Stand« zu bringen. Wir bleiben die Kinder unserer Eltern; gleichzeitig aber messen wir dauernd unsere Erfahrungen und die Schlüsse, die wir daraus ziehen an dem, was wir von unseren Eltern »mitbekommen« haben. Unsere Umgebung ändert sich dauernd; und so bringen wir immer neue Wertvorstellungen mit »nach Hause«, um sie dort von der besonders strengen, fordernden, intimen und – hoffentlich – uns bestätigenden Jury prüfen zu lassen – unserer Familie.

Viele individuelle Wertvorstellungen werden so früh im Leben eines Menschen gelernt, daß er oft aufwächst, ohne sich dieses Einflusses bewußt zu sein oder ihn kritisch zu bewerten. Kinder beobachten, was andere (insbesondere ihre Eltern) über solche Themen wie Zeit, Arbeit, Spiel, Freundschaft, Religion denken – und übernehmen diese Interpretation häufig in ihren eigenen Verhaltenskodex. Jeder von uns lernt, man könnte fast sagen durch eine Art Osmose, bestimmte Dinge zu respektieren und andere zurückzuweisen oder zu bekämpfen, und dabei eine instinktive Richtung einzuschlagen. Irgendwo in uns schlummert ein Bewußtsein dafür, was richtig und was falsch ist.

Wir lernen und interpretieren Wertvorstellungen im Laufe unserer Alltagspraxis. In jeder Familie gibt es spezielle Regeln und Gebräuche, die auf subtile, aber durchaus strikte Weise vermitteln, was als wertvoll und was als wertlos betrachtet wird. So bedeutet manchmal die Sitzordnung am Eßtisch eine bestimmte Wertordnung. Während meiner Kindheit saß der Vater immer am Kopfende des Tisches. Als ich heiratete und meinen eigenen Tisch decken mußte, plazierte ich meinen Mann und mich an die beiden Enden des Tisches und die Kinder an die beiden Seiten. Eines Abends, als meine Eltern zum Essen bei uns waren, stellte ich fest, daß ich meinem Vater immer meinen Platz am Ende des Tisches zurechtmachte. Plötzlich fiel mir ein, daß meine Söhne, immer wenn mein Mann abends nicht zum Essen zuhause war, um diesen Platz rangelten. Es handelte sich also offensichtlich um eine Position, die mit Macht und einem bestimmten Status verbunden war. Ich erinnerte mich an die Tafel des König Artus : ein runder Tisch, an dem niemand je das Oberhaupt war und vermutlich nie jemand mehr Macht hatte als der andere. Nachdem ich unsere eigenen Gebräuche etwas unter die Lupe genommen hatte, entschied ich, daß für mich persönlich die Platzreservierung für meinen Vater am Kopfende des Tisches meine besondere Wertschätzung für ihn zum Ausdruck brachte; es wurde mir aber auch deutlich, daß ich im Verhältnis zu meinen Kindern einen Weg finden mußte, ihnen deutlich zu machen, daß ich sie ebenfalls schätzte und respektierte.

Wir müssen alle lernen, unsere Wertvorstellungen herauszufinden und über sie zu sprechen. Da unsere jeweiligen Überzeugungen auf so dramatische Weise unsere Gefühle und Handlungen beeinflussen, bestimmen sie auch zu einem Großteil, wie wir uns in unseren Beziehungen verhalten, insbesondere innerhalb der Familie. Wenn Eltern ihre Meinung untereinander austauschen und dabei sorgfältig vorgehen, verringern sie die Wahrscheinlichkeit, daß ihre Moral »verkorkst« wird; und auch ihre Kinder lernen beispielsweise, wie sie ihre eigenen Wertvorstellungen für sich klären und anderen mitteilen können.

Um aber seinen persönlichen Moral-Kodex herauszufinden, muß man sich einmal sorgfältig beobachten und sich offen, aber in einer Atmosphäre der Bestätigung mit sich selbst auseinandersetzen. Die »Lebens-Ziel-Tabelle«, die von Nila und Ed Betof entwickelt wurde, kann uns helfen, festzustellen, von wem, wie und wann einige unserer persönlichen Werte gebildet und entweder akzeptiert oder zurückgewiesen wurden:

## *Lebens-Ziel-Tabelle*

| Ziel | Wer | Wie: direkt oder indirekt | Alter, in dem das Ziel beschlossen wurde | Alter, in dem das Ziel zurückgewiesen wurde | Zugrundeliegende Wertvorstellung |
|---|---|---|---|---|---|
| | | | | | |

Diese Tabelle gilt es nun auszufüllen: In der ersten Rubrik die Ziele, die dir als Kind in den Sinn gekommen sind. In der zweiten Rubrik die Person, die dir jedes Ziel vermittelt hat (z.B. Mutter, Vater, Großeltern, Lehrer, ich selbst). Notiere dir in der dritten Rubrik, ob das Ziel direkt angesprochen wurde oder durch nonverbale Zustimmung oder Ablehnung vermittelt wurde. In der vierten Rubrik führe das ungefähre Alter auf, an dem du dieses Ziel für dich akzeptiert hast. Wenn du das Ziel abgelehnt hast, dann schreibe in die fünfte Rubrik, in welchem Alter das geschah. Schreibe schließlich in die Rubrik sechs, was du für die diesem Ziel zugrundeliegende Wertvorstellung hältst.

Wähle dir ein Ziel aus, das du zuerst ins Auge gefaßt, dann aber doch abgelehnt hast, schreibe einen Brief an die Person, die dir dieses Ziel nahegebracht hat und beschreibe darin, welche Einsichten oder welche Situation deinen Sinneswandel bewirkt hat. Lege diesen Brief und die Tabelle in dein Tagebuch. Wenn du diese Übung im Rahmen deiner Familie oder einer Arbeitsgruppe durchführst, soll jeder Teilnehmer etwa fünf Minuten Zeit zum Ausfüllen der Tabelle haben. Anschließend diskutiert ihr in Kleingruppen (zwei bis drei Teilnehmer) über das Thema »Etwas, das mich an der Art, wie ich meine persönlichen Ziele gesetzt habe, überrascht hat«. Wenn junge Leute in der Gruppe sind, erzähle und diskutiere über die Sage von König Midas, dessen größter Wunsch – daß sich alles, was er berühre, in Gold verwandle – erfüllt wurde. Die Wertschätzung des Königs für Gold und Reichtum wandelte sich, nachdem er aus Versehen seine Tochter in eine goldene Statue verwandelt hatte. Laß' die Gruppenmitglieder eine Zeitlang über eine Situation nachdenken, als sie einmal etwas Bestimmtes haben, tun oder sein wollten, sich aber später dagegen entschieden. Bitte einige Freiwillige, ihre Geschichte zu erzählen und darüber zu berichten, was ihren Sinneswandel bewirkte. Fordere jeden Teilnehmer auf, sich einmal vorzustellen, was wäre, wenn jeder alles werden könnte. Jede anwesende Person soll die Gelegenheit haben, ihre Wunschvorstellungen zu erzählen.

## *Konstant, aber veränderbar*

Moralische Vorstellungen sind keine wissenschaftlich bewiesenen Tatsachen, die auf jeden Fall für jeden Menschen und jede Situation zutreffen; sie sind grundlegende Überzeugungen, die für bestimmte Zeiten und einzelne Menschen einen Sinn ergeben (oder auch das ganze Leben hindurch). Werte lernen wir vor allem dadurch kennen, indem wir andere Menschen beobachten und selbst experimentieren, sie verändern sich durch unsere sich entwikkelnde Wahrnehmung und unser Selbstbewußtsein. Grundlegende Überzeugungen stehen für den einzelnen Menschen fest, auch wenn sie sich als schwach und unerreichbar herausstellen. Sie sind verbunden mit Gefühlen, die eine starke Motivation zur Erreichung eines Zieles entstehen lassen. Eine Person, die ein bestimmtes moralisches Prinzip sehr tief empfindet, fühlt sich gedrängt, in diese Richtung zu arbeiten, es auch seinem Bekanntenkreis mitzuteilen und danach zu streben, daß es dort akzeptiert wird. Ein klar definierter grundlegender Wert ist eine Art Richtungsweiser für die eigenen Handlungen.

Positive Werte dürfen aber nicht statisch oder unverrückbar sein. Sie müssen mit Leben erfüllt werden und veränderbar bleiben. Im Laufe unserer Entwicklung begegnen uns neue Ideen und Wertvorstellungen; die unsrigen müssen sich entsprechend verändern. So lieben es z.B. kleine Kinder, wenn sie beachtet werden. Sie wollen gesehen und gehört werden und fordern Aufmerksamkeit. Dazu ist ihnen häufig jedes Mittel recht – schreien, weinen, Quatsch machen, sich lustig machen, quengeln – Hauptsache, ihr Ziel wird erreicht. Doch wenn ein Kind größer wird, wird es wahrscheinlich – vorausgesetzt sein Bedürfnis nach Aufmerksamkeit wird genügend befriedigt – ruhiger werden und nicht mehr um jeden Preis danach streben, Beachtung zu finden. Nach wie vor wird ihm Aufmerksamkeit wichtig sein, doch es wird auch darauf vertrauen, daß es sie schon bekommt. Mit der Zeit werden Kinder – das ist Bestandteil ihrer Entwicklung – weniger egozentrisch; sie beginnen, sich mehr für die Bedürfnisse und Nöte anderer zu interessieren. So kann ein Kind, dem die Aufmerksamkeit anderer sehr wichtig ist, mit der Zeit schätzen lernen, daß sie mehr indirekt und subtil ausgedrückt wird; vielleicht bedeutet es ihm dann genauso viel, anderen Beachtung zu schenken, wie sie zu bekommen. Wird das Bedürfnis eines Kindes nach Beachtung nicht befriedigt, kann es von der Idee besessen werden, sie schließlich auch zu bekommen (vielleicht sogar auch auf negativem Wege); dabei wird es aber mit den Bedürfnissen anderer kollidieren.

Im Laufe unseres Reifungsprozesses können sich einige unserer Wertvorstellungen dramatisch verändern, sich sogar in ihr Gegenteil verkehren, ähnlich wie eine Person zu einer anderen Religion konvertiert, oder ein Soldat beschließt, nicht mehr töten zu können. Manchmal veralten Wertvorstellungen auch, z.B. kann es für eine Frau heute kein erstrebenswertes Ziel mehr sein, ein »Heimchen am Herd« zu werden. Positive Wertvorstellungen spiegeln unsere Möglichkeit wider, persönlich Fortschritte zu machen. Sie müssen konkret genug sein, um sich genau identifizieren und benennen zu lassen, bedeutsam genug, um uns darauf zu verpflichten, doch so flexibel, daß sie sich mit uns verändern können.

Eine solche Flexibilität in unserem moralischen Urteil ist immer dann vonnöten, wenn es nicht um die Entscheidung zwischen Gut und Böse geht, sondern z.B. zwischen schlecht und noch schlechter. Häufig sind wir gezwungen, Werturteile abzugeben oder zu handeln, obwohl die Wahlmöglichkeiten unbefriedigend sind. Manchmal z.B. erscheinen uns die verschiedenen Möglichkeiten, was wir mit unserem unerwünschten Katzennachwuchs machen sollen (Ersäufen? Beim Tierarzt einschläfern lassen? Aussetzen?), wie die Entscheidung zwischen Pest und Cholera. Wie sollen wir uns, um ein anderes Beispiel anzuführen, verhalten, wenn uns nur die Wahl bleibt, entweder mit der Wahrheit herauszurücken und damit jemandem sehr weh zu tun oder zu einer Notlüge zu greifen? In solchen Fällen müssen wir uns vergegenwärtigen, daß unser Wert als Persönlichkeit von diesem spezifischen Werturteil unabhängig besteht. Außerdem besitzen wir die unbegrenzte Fähigkeit, kontinuierlich daran zu arbeiten, die Bandbreite und die Qualität unserer Werturteile zu verbessern (etwa im Bereich Umweltschutz und Frauenbewegung, um nur zwei Beispiele zu nennen). Daher können wir durchaus selbstbewußt gelegentlich unbequeme und unbeliebte Entscheidungen treffen, die uns wenig befriedigen. Dann sollten wir uns zu unserem Mut gratulieren. Eine solche Einstellung ist ein Beispiel für das Konzept der Affirmation: Sie schätzt die bestmögliche Handlung unter den gegebenen Umständen als positiv ein, sie erwartet und glaubt an eine permanente Weiterentwicklung.

## *Wertvorstellungen bewußt empfinden*

Unsere grundlegenden Wertvorstellungen sind mit starken Gefühlen besetzt und für uns jeweils Anlaß, stolz zu sein. Wir beschützen sie gut, und wenn sie bedroht sind, fühlen wir uns nicht selten persönlich getroffen und verletzt. Unsere Moral ist unser inneres Zentrum. Wenn andere Menschen »für« etwas sind, das uns aus tiefstem Herzen zuwider ist, oder »gegen« etwas, das wir besonders schätzen, dann stachelt uns das zu heftigen Reaktionen an. Wir reagieren mit Angst, Entschlossenheit, Frustration, Belustigung – je nach Intensität unserer Überzeugung. Wenn uns ein Wert besonders wichtig ist, sollten wir nicht die Tatsache aus den Augen verlieren, daß er vielleicht zwar ein Teil unseres Denkens und Handelns ist, aber dennoch verschieden ist von unserem persönlichen Wert als Mensch.

Sind uns unsere grundlegenden Überzeugungen unklar oder bleiben sie unausgesprochen, dann sind wir gezwungen, »aus dem Bauch heraus« zu handeln, unsere Wertvorstellungen defensiv zu vermitteln, vielleicht sogar völlig willkürlich: »Ich kann dir nicht sagen, warum ich dafür (dagegen) bin, ich bin's halt!« oder »Ich *weiß* eben, daß ich recht habe!« Manchmal kommen Gefühle, die uns aus dem Dunkeln »überfallen«, in Wirklichkeit aus moralischen Vorstellungen, über die wir noch nicht bewußt nachgedacht haben: So sind wir vielleicht zutiefst geschockt, oder es ist uns äußerst peinlich, wenn wir eine Bemerkung über jemanden fallen lassen und dabei feststellen, daß wir gerade ein schlimmes Vorurteil zum besten geben; oder jemand nimmt uns auf den Arm und plötzlich haben wir das Gefühl, angegriffen oder gedemüdigt zu werden. Solche Gefühle machen uns auf Wertvorstellungen aufmerksam, die deutlich herausgestellt und entweder angenommen oder zurückgewiesen werden müssen.

Sind wir uns unserer Moralvorstellungen bewußt, dann sind unsere Gefühle uns und anderen auch verständlicher, können leichter in positive Handlungen umgesetzt werden und uns zu neuen Einsichten führen. Wenn wir zunächst unsere Gefühle akzeptieren und uns mit ihnen beschäftigen, können wir anschließend zu den Hintergründen vorstoßen, aus denen sie entstanden sind. Dagegen sind versteckte Wertvorstellungen oft Ursache von Konflikten in unserem Leben. Manchmal überschreiten wir unbewußt die moralischen Grenzen eines anderen Menschen und stellen fest, daß wir ihm »auf der Seele herumtrampeln«. Als Christa in Ferien fuhr, entschied ihre Mutter, »mal ihre Bude aufzuräumen«. Als Christa zurückkam, stellte sie mit Entsetzen fest, daß alle ihre Fachmagazine und Modezeitschriften verschwunden waren.

»Die waren ja alt und verstaubt und außerdem konntest du in deinem Zimmer ja kaum noch treten!«, gab ihre Mutter zurück.

»Aber Mami, sie waren mein persönliches Eigentum, in *meinem* Zimmer!«

Vorwürfe flogen hin und her. Es wurde deutlich, daß sich Christas Mutter schon lange über das »Durcheinander« der Zeitschriften aufgeregt hatte, obwohl sie das bisher für sich behalten hatte. Ihre Wertvorstellung als gute Hausfrau bedeutete ihr mehr als der Wert der Zeitschriften für ihre Tochter.

Es kam zu einer harten Auseinandersetzung. Christas erste Reaktion war, daß sie das Gefühl hatte, ihre Mutter schätze sie nicht als Person, respektiere ihr Eigentum und ihre Privatangelegenheiten nicht. Sie fühlte sich genauso überflüssig wie ihre Zeitschriften. Darüberhinaus verletzte es Christa, daß ihre Mutter nicht begreifen wollte, wie wichtig ihre Fachzeitschriften für sie und ihre Ausbildung waren; sie hatte den Eindruck, daß ihre Mutter sie nicht verstand. Christa und ihre Mutter mußten im Laufe ihrer tränenreichen Auseinandersetzung über die gegenseitigen Vorwürfe hinauskommen, ihre persönlichen Wertvorstellungen neu beschreiben und gegenseitig respektieren. Schließlich bestätigten sie sich, daß sie sich liebten.

Allzu oft können jedoch unklar definierte Wertvorstellungen unter der Oberfläche einer Beziehung lauern, bis es zu einer unerwartet heftigen Kollision kommt, die die Beteiligten manchmal verletzt und verstört zurückläßt. Auch wenn zwei Menschen ganz offensichtlich verschiedene moralische Ansichten haben, gibt es die Möglichkeit, deutlich darüber zu sprechen, dabei aber die Einzigartigkeit jedes Beteiligten und seiner Werte als positiv und bereichernd zu erleben.

## *Wertvorstellungen deutlich machen*

Man kann Strategien entwickeln, um Wertvorstellungen zu verdeutlichen, für uns selbst und andere. Diese Strategien – wie sie beispielsweise in der »Werte-Poster-Übung« zum Ausdruck kommen – ermuntern dazu, nach Alternativen Ausschau zu halten: Sie laden uns ein, unsere moralischen Urteile geradeheraus zu äußern, unsere Aufmerksamkeit auf die Wiederholung von Einstellungen und Handlungen und auf die daraus entstehenden Verhaltensmuster zu richten; das alles soll uns darauf hinweisen, wann

*Werteposter*

unser Verhalten durch eine grundlegende (aber vielleicht unbenannte) Überzeugung gesteuert wird.

Was ist dir so wichtig, daß du dafür zu kämpfen bereit bist und dafür auf die Straße gehen würdest? Pressefreiheit? Tierschutz? Arbeitszeitverkürzung? Jeder Teilnehmer soll ein Poster malen, das seine Grundüberzeugung wiedergibt. Danach soll jeder drei bis fünf Minuten lang für »seine Sache» sprechen. Alle signierten Poster werden dann an die Wand als »Werte-Galerie« aufgehängt. Jeder sollte sich als Sprecher für seine »gerechte Sache« betrachten und auf Fragen jederzeit Rede und Antwort stehen können. Diese Verantwortlichkeit fordert von allen, über das jeweils betreffende Thema auf dem laufenden zu bleiben und sich seiner Gefühle zu versichern. Jedenfalls so lange, wie sie bereit sind, öffentlich für diese Sache einzutreten.

Unsere Wertvorstellungen sind unsere persönliche Sache, aber nicht unbedingt unsere Privatangelegenheit. Sie offenbaren sich in allem, was wir tun, und werden von allen Menschen, mit denen wir uns umgeben, beeinflußt – und umgekehrt. Wir erproben und gestalten unsere Moral überall, wo wir gehen und stehen; deshalb haben Schulen, religiöse Gemeinschaften, Vereine, Arbeitsgruppen und Bekanntenkreise eine Verantwortung: Sie müssen ihre Macht erkennen, moralische Urteile hervorzurufen, und sorgfältig damit umgehen.

Wenn wir unsere Wertvorstellungen genau herausfinden und anderen mitteilen, werden wir ermutigt, uns über unsere Motive und Regelsysteme Gedanken zu machen, und wir gewinnen neue Einsichten über das Verhalten, die Erwartungen und Bedürfnisse anderer. Tauschen wir gegenseitig unsere Meinungen und Ansichten aus, bekommen wir wichtige Informationen darüber, wann es eine Basis gibt für gemeinsame Arbeit und gegenseitige Unterstützung – und wann es höchste Zeit ist für Auseinandersetzungen, Verhandlungen oder respektvolle Distanz. Wir verringern dadurch die Möglichkeit, uns gegenseitig mißzuverstehen und daraus ernste Konflikte entstehen zu lassen. Wenn wir unsere Wertvorstellungen offen darlegen und uns auch gelegentlich verunsichern lassen, werden wir herausgefordert, unsere Entscheidungen immer wieder neu zu begründen und zu überdenken. Das bestärkt uns (»Es ist richtig, so zu handeln«), schafft eine Atmosphäre der Unterstützung und verpflichtet uns darauf, uns auch entsprechend zu verhalten. Klar definierte und wirksam kommunizierte Wertvorstellungen sind ein guter Ausgangspunkt für konstruktives Handeln.

# 7.
# *Positive Grenzen setzen*

Bevor wir einem Verein oder einer politischen Partei beitreten oder einen Arbeitsvertrag unterzeichnen, überprüfen wir die dort herrschenden Gesetze und Regeln, um sicher zu sein, daß wir uns innerhalb der dort herrschenden Grenzen bewegen können. Wenn Kinder in eine Familie hineinwachsen, haben sie diese Wahlmöglichkeit nicht. Obwohl es von Beginn an Regeln gibt – den »Gut-und-Böse-Kodex« der Eltern, den diese verinnerlicht haben – werden sie selten von Beginn an deutlich (oft nicht einmal den Eltern selbst). Nur nach und nach kommen sie zum Vorschein, häufig erst, wenn das Kind bestimmte Grenzen übertreten hat.

Natürlich ist es nur logisch, daß Eltern dem Verhalten ihres Kindes irgendwelche Grenzen setzen müssen. Bei Säuglingen und kleinen Kindern ist die Wahrnehmung darüber begrenzt, was ihnen und anderen schaden könnte, sie müssen erst eine lange Zeit üben, wie man deduktiv Schlüsse zieht, um tatsächlich erfolgreich handeln zu können: »Wenn ich dies tue, passiert jenes, also von jetzt an ...« Obwohl Kinder nicht unmittelbar von dem angesammelten Wissen ihrer Eltern profitieren können, haben schon die kleinsten einen instinktiven Sinn dafür, was gut, angenehm und fair ist. Neugeborene wissen, wann sie schlafen oder trinken wollen, und wann sie nicht geweckt, hochgenommen oder liegengelassen werden wollen. Ziehen die Eltern solche Gefühle in Betracht, wenn sie ihre Grenzen für das Kind setzen, dann zeigen sie damit ihren Respekt für die Rechte und Bedürfnisse des Kindes und ihren Wunsch, mit dem Kind zusammenzuarbeiten, um für beide Seiten positive Richtlinien zu entwickeln. Schließt man ein Kind in den Prozeß der »Grenz-Setzung« ein, gibt man ihm damit eine Chance. Die Chance nämlich, vernünftig denken zu lernen, Entscheidungen zu treffen, Wertvorstellungen zu entwickeln, sie deutlich zu machen und anderen mitzuteilen und dabei die Bedürfnisse und Standpunkte anderer einzubeziehen. Dies fördert ihr Selbstwertgefühl und ermutigt sie, selbständige, verantwortliche Menschen zu werden.

Wer seine Wertvorstellungen klar zum Ausdruck bringt, schützt sich davor, verletzt zu werden und ist sich dessen bewußt, was von ihm als Beitrag zu seiner Bezugsgruppe gefordert wird.

## *Positive Erwartungen*

Werden Grenzen auf positive Art und Weise gesetzt und damit Vertrauen signalisiert, dann fordert dieses Verhalten eine kooperative Reaktion heraus. Ellen ist Erzieherin in einem Kindergarten. Sie ist auf den Gedanken gekommen, die Grenzen, die sie den Kindern setzt, in positiver Weise zu formulieren, seit sie einmal die Kinder selbst gefragt hat, welche Gebote und Verbote bei einem Ausflug gelten sollten.

»Kinder sind so sehr daran gewöhnt, ständig Warnungen vor Fehlverhalten von Erwachsenen zu hören, daß sie immer mit solchen Sprüchen kamen wie ›Du mußt im Bus stillsitzen‹, ›Du darfst nicht rumschreien‹, ›Tu' dies, laß' jenes‹ – ich merkte, daß ich vorsichtig sein mußte, wenn ich Gebote und Verbote formulierte: ›Ah ja, du meinst, wir sollten auf unseren Sitzen bleiben und nicht durch den ganzen Bus laufen?‹, ›Du schlägst vor, wir sollten uns ruhig unterhalten?, Gibt es nichts anderes, was wir auch noch tun könnten?, Ja, richtig, wir könnten Geschichten erzählen oder Lieder singen!‹ Es ist nur allzu leicht, ein ›Nein‹ zu denken und zu formulieren. Was wir alle nötig brauchen, ist, über positive Alternativen nachzudenken und sie auszusprechen.«

Oder, um ein anderes Beispiel zu bringen: Eine Mutter kann eine klare Regel formulieren und dennoch ihren Glauben an die Verläßlichkeit ihres Sohnes demonstrieren, indem sie bewußt eine Formulierung wählt wie: »Tschüß, bis heute abend um neun!«, statt: »Komm mir ja nicht wieder so spät nach Hause!«

Regeln werden häufig aufgestellt als Reaktion auf einen Vorfall, der die Aufmerksamkeit der Beteiligten darauf lenkte, was schief ging oder hätte schiefgehen können. Zu warten, bis ein Problem da ist, bevor man Grenzen setzt, das ergibt häufig negative Regeln, die nicht selten mit Strafandrohungen verbunden sind: »Wenn du es nicht schaffst, morgens rechtzeitig aus dem Bett zu kommen, darfst du am Abend nicht fernsehen!« Solche Regeln, die aus Frustration oder Angst heraus gebildet werden, sind häufig repressiv und als Vergeltungsmaßnahme gemeint. Sie beinhalten, daß man eine Person für unkooperativ hält oder ihre Meinungen und Wahrnehmungen nicht besonders schätzt. Die Botschaft lautet: »Du bist unfähig zu beurteilen, was richtig ist, nur ich kann das!« Diese Art der Interaktion kann zu negativen Erwartungen und Ergebnissen führen.

Am besten werden Regeln dann formuliert, wenn eine positive, suchend-fragende Situation da ist und noch bevor ernsthafte Probleme und Konflikte entstanden sind. Die Einladung, über Grenzen zu diskutieren, kann von jedem ausgehen, der erkennt, daß eine neue oder veränderte Situation zu Konflikten führen könnte: »Jetzt, wo ich (du) abends öfter Verabredungen haben werde (wirst), sollten wir uns mal zusammensetzen und überlegen, wie wir damit am besten umgehen könnten.« Die körperlichen und emotionalen Bedürfnisse beider Seiten – Eltern wie Jugendliche – sollten Gegenstand einer solchen Unterredung sein, genauso wie die moralischen und gesellschaftlichen Werte, die mitbedacht werden wollen. Gefühle, Moralvorstellungen und Informationen jedes Beteiligten sollten angehört und sorgfältig unter die Lupe genommen werden. Beide Seiten haben die Verpflichtung, sich vor der Unterredung genauestens über das Thema zu informieren. Wird in einer Atmosphäre von Offenheit und gegenseitigem Respekt über Grenzen geredet und verhandelt, dann wird dadurch die Beziehung gestärkt.

Jasmin ist eine aufgeweckte Achtjährige, die in einem Hochhaus mitten in der Stadt lebt. Eines Tages sehnte sie sich nach einem Stückchen mehr Freiheit. Sie bat darum, mit dem Aufzug nach unten fahren zu dürfen, um dort in einem Geschäft etwas einzukaufen. Ihre Mutter willigte prinzipiell ein und meinte, Jasmin sei durchaus dazu in der Lage. Aber sie wußte, daß es zu unsicher war, ein kleines Kind allein durch das große Gebäude zu schicken. Während beide darüber diskutierten, hatten sie die Gelegenheit, sich gegenseitig ihre Meinung und Gefühle zu dem Thema zu sagen. Schließlich begannen sie damit, zu planen, wie das unvermeidliche »größere Stückchen Freiheit« in die Tat umzusetzen sei. Hätte die Mutter sofort »Nein« gesagt, dann hätte sich Jasmin vielleicht gezwungen gefühlt, ihr Recht auf Unabhängigkeit einzuklagen und ihre Fähigkeit dazu unter Beweis zu stellen. Doch da Jasmins Mutter ihre Bitte ernstnahm und als eine Gelegenheit betrachtete, neue Grenzen gemeinsam festzulegen, konnten sie über einen Plan sprechen, der Schwierigkeiten vermeiden könnte. So wurde für das »allein Weggehen« zunächst ein Kompromiß gefunden: Jasmin durfte zwei Stockwerke allein mit dem Aufzug fahren, um dort eine Freundin zu besuchen, die sie am Aufzug abholte. Die Tatsache, daß Jasmin in den Prozeß der Grenzziehung einbezogen wurde, zeigte ihr, daß ihre Meinung und ihr Urteil über sich selbst respektiert wurde. Zwar hätte sie die Grenze lieber weiter gesteckt, nichtsdestoweniger fühlte sie sich darin bestätigt, etwas zu tun und mit ihrer Mutter zusammenarbeiten zu können. Sie fühlte sich ernst genommen und war zuversichtlich, bei ihrer wachsenden Selbständigkeit angemessen unterstützt zu werden.

Häufig bedeutet eine Diskussion über Regeln und Grenzen, daß ein Kompromiß gefunden werden muß, der nicht unbedingt jeden erfreut und zufriedenstellt. Vielfach empfindet einer der Beteiligten oder sogar beide Seiten die Lösung schlechter als erhofft. Doch wenn solche Verhandlungen häufiger stattfinden und mit der angemessenen Sensibilität füreinander geführt werden, dann bekommen die Beteiligten doch mit der Zeit das Gefühl, daß es sich um ein gegenseitiges Geben und Nehmen handelt, bei dem sie selbst durchaus nicht mit ihren Bedürfnissen zu kurz kommen. So ist mancher Kompromiß ein Versprechen: weiterzuarbeiten, bis Regeln gefunden sind, die beiden Seiten gerecht werden.

Es gibt vier Kriterien, auf bestätigende Weise Grenzen zu setzen: Sie müssen ausgehandelt werden, frei sein von damit verbundenen Strafen oder Belohnungen, klar und freundlich formuliert sowie veränderbar sein.

## *Über Grenzen verhandeln*

Genauso wie das Wort »Regeln« für manche Menschen wie »Unterdrückung« klingt, bedeutet das Wort »Verhandlung« oft nichts weiter als einen verbalen Clinch. Doch Verhandlungen sollten nicht endlose Diskussionen nach sich ziehen und frei sein von Bestechungsversuchen, Zwang und Strafpredigten. Wenn über Grenzen verhandelt wird, sollte das auf strukturierte, rationale Weise geschehen. Man muß sich die Vor- und Nachteile verschiedener Lösungsansätze genau ansehen und einen für alle Beteiligten akzeptablen Plan aufstellen, wie eine solche »Grenzsituation« beurteilt und wie in ihr gehandelt werden soll. Das Ganze sollte dann kurz und knapp gehalten werden; schließlich handelt es sich nicht um einen Ausdauertest: »Wer kann am zähesten verhandeln«.

Bei kleinen Kindern sind es meist die Eltern, die sich bemühen, Bedürfnisse zu verstehen, sie zu interpretieren und zu einem Programm zusammenzustellen, wobei auch Grenzen gesetzt werden. Das erfordert viel Einfühlungsvermögen und Intuition. Das nötige Maß an Empathie beweist beispielsweise ein Vater, der liebevoll mit seinem unruhigen Baby spricht, während er es anzieht: »Ich weiß, du haßt das, wenn du so eingepackt wirst, aber es ist kalt draußen und regnerisch, und wenn wir dich nicht warm anziehen, wirst du krank.«

Wenn wir zu kleinen Kindern sprechen, gebrauchen wir oft das einschließende »Wir«, um zu demonstrieren, daß wir die Bedürfnisse des Kindes in unseren Grenzen setzenden Prozeß einbeziehen möchten: »Sollen wir noch dein Spielzeug wegräumen, bevor wir nach draußen gehen?« Dabei müssen wir jedoch aufpassen, daß wir nicht so tun, als ob wir immer wüßten, was das Kind will, fühlt oder braucht. Je älter Kinder werden, desto mehr können sie ihre Bedürfnisse und Wahrnehmungen selbst in Worte fassen. Und so sind nicht wenige Eltern, die immer zu wissen glauben, was ihr Kind tun will und kann, verblüfft, wenn sie zum ersten Mal »Widerworte« bekommen oder das Kind ganz klar sagt: »Nein, ich will jetzt sofort rausgehen und später aufräumen!« Werden Kinder ermutigt, ihre Meinung zu äußern, hört man ihnen aufmerksam zu, nimmt man sie ernst – dann lernen Kinder (so wie Jasmin in unserem Beispiel vorhin), mit ihren Eltern zusammen an akzeptablen Grenzen zu arbeiten. Sicherlich kann ein Neugeborenes nicht verbal mit seinen Eltern über angemessene Schlafenszeiten verhandeln, doch es kann klar sein Bedürfnis nach Schlaf kommunizieren und damit einen Beitrag zu einschlägigen Überlegungen der Eltern leisten. Eine Vierjährige hat das Recht und die Fähigkeit, ihre Gefühle darüber auszudrücken, ob oder wie lang sie einen Mittagsschlaf halten will; und eine Zwölfjährige kann sicherlich schon mit wohlgesetzten Worten für und gegen eine bestimmte Schlafensgehenszeit argumentieren.

In all diesen Situationen sollten Eltern ihr Wissen und ihre Erfahrung dazu nutzen, die vom Kind angebotenen Informationen mit Dank anzunehmen und sie als Grundlage eines klugen und ausgewogenen Arrangements nehmen. Eltern wie Kinder sollten ermutigt werden, ihre Ansichten vertrauensvoll auszutauschen, während sie bestimmte Grenzen ziehen. Eltern müssen jedoch ganz besonders sorgfältig vorgehen, um nicht ihre Position und ihre Macht als Erwachsene dazu zu benutzen, die Mitarbeit ihrer Kinder zu torpedieren. Älter und klüger sein (und, was offensichtlich ist, aber selten ausgesprochen wird: größer und stärker zu sein), solche Eigenschaften sollten nicht mißbraucht, sondern den Kindern zur Verfügung gestellt werden. Wie produktiv Informationen kommuniziert und genutzt werden können, hängt größtenteils davon ab, wie sehr es Eltern gelingt, eine offene Atmosphäre für Verhandlungen zu schaffen.

Bei Beginn einer solchen Verhandlung sollten beide Seiten einige Minuten darauf verwenden, ihre jeweilige Sicht der Situation vorzutragen: das Verhalten, seine möglichen Auswirkungen und die beteiligten Gefühle:
»Seit kurzem bist du nachmittags oft nicht zu Hause. Ich weiß nicht, wo du bist und wann du nach Hause kommst. (Verhalten) Das ist ein Problem, weil ich kaum irgendwelche Pläne machen kann. Manchmal möchte ich etwas mit dir unternehmen, aber du bist nicht da. (Auswirkung) Wenn das passiert, bin ich frustriert, und ich denke, daß du dir nichts daraus machst, mit mir zusammen zu sein. Manchmal mache ich mir Sorgen, dir könnte etwas passiert sein. (Gefühle)«

Eine solche Situation könnte ein Kind oder ein Erwachsener schildern; und obwohl keine zwei Menschen jemals eine Situation identisch erleben, weil sie einzigartige Individuen sind, gibt es doch häufig Situationen, in denen man sich in die Lage des anderen versetzen kann. Während die Erklärung abgegeben wird, muß der Zuhörer sorgfältig seine Aufmerksamkeit auf den Erzähler richten; er sollte seine Handlungen weder leugnen noch verteidigen oder den Sprecher zu beschwichtigen versuchen. Denn das würde die Auseinandersetzung auf ein Nebengleis führen. Mit »Du machst das ja genauso!« zurückzuschlagen, ist unproduktiv und völlig »daneben«. Obwohl unser Verhalten durch die Handlungen anderer Menschen beeinflußt werden kann, wird es dadurch nicht bagatellisiert oder entschuldigt: Wer Unrecht mit Unrecht vergilt, hat noch lange nicht recht, heißt ein Sprichwort. Es kann zwar später in der Diskussion sinnvoll sein, deutlich zu sagen, auf welche Weise man sich durch das Verhalten des anderen beeinflußt fühlt – »Ich habe schon oft gehört, daß du solche Worte sagst, wenn du wütend bist, also dachte ich, es ist o.k., wenn ich sie auch benutze!« oder »Ich habe gesehen, daß du das Papier auf den Boden geworfen hast, also dachte ich, du brauchst es nicht mehr.« –, doch in der Regel führt ein defensiver Gegenschlag nur dazu, daß die Auseinandersetzung eskaliert, statt sich produktiv auszuwirken.

Nachdem die eine Seite Gelegenheit hatte, ihre Situation zu schildern, sollte die andere kurz zusammenfassen, was sie verstanden hat. Falls es keine Einwände gibt, sollte der andere Partner jetzt seine Sichtweise darlegen:

»In letzter Zeit habe ich mehr Zeit und Gelegenheit, Sachen außerhalb von zu Hause zu machen. Wenn etwas Wichtiges oder Interessantes los ist und wir noch keine Pläne für den Tag gemacht haben, fühle ich mich frei, wegzugehen. (Verhalten) Wenn ich nach Hause komme und du ärgerlich bist oder mit mir die Geduld verlierst (Auswirkung), fühle ich mich unfair behandelt (Gefühl). Mir war gar nicht bewußt, daß du dir Sorgen um mich machst. Ich kann verstehen, daß du frustriert bist, wenn du weggehen oder etwas tun willst, und die Tatsache, daß ich nicht da bin, dich davon abhält. Mir scheint, du willst damit sagen, daß es dir wichtig ist, mit mir Zeit zusammen zu verbringen. Wie können wir das hinkriegen?«

An diesem Punkt hat vielleicht die erste Seite den Wunsch, noch einmal zusammenzufassen, was sie aus dem bisherigen Verlauf des Gesprächs verstanden hat: »Wenn mir nicht klar ist, was ich von dir erwarte, bist du verletzt und durcheinander, weil du mitbekommst, daß ich mich ärgere. Wir scheinen uns beide zu wünschen, daß wir sowohl mehr Zeit zusammen verbringen können als auch jeder für sich etwas unternehmen kann.«

Als nächstes sollte jeder Partner deutlich sagen, was er möchte und erwartet, damit gegenseitig akzeptale Grenzen gesetzt werden können: »Ich brauche Zeit mit dir, auf die ich mich verlassen kann, und ich muß wissen, daß du nicht in Gefahr bist.« »Ich brauche mehr Freiheiten, um neuen Interessen nachgehen zu können, ohne daß sich das nachteilig auf unsere Beziehung auswirkt.«

Jede Seite sollte dann sagen, was sie dazu beitragen kann, daß eine akzeptable Lösung erreicht wird; danach kann man Richtlinien entwerfen: »Von jetzt an werde ich nicht für uns beide Pläne machen, ohne dich vorher gefragt zu haben. Laß' uns versuchen, unsere Nachmittagsausflüge vorher zu planen und in den Küchenkalender einzutragen.«

»Wenn ich nicht zu Hause sein werde, laß' ich dich wissen, wo ich aller Voraussicht nach bin, und ich sorge dafür, daß ich um halb sechs zu Hause bin. Wenn etwas Unerwartetes passiert und ich nicht rechtzeitig zu Hause sein kann, rufe ich dich an, damit du dir keine Sorgen machst.«

Erscheint ein Vorschlag der einen Seite nicht akzeptabel, sollte sie das auch sagen: »Das paßt mir nicht so recht. Können wir noch mal genauer darüber reden oder vielleicht über eine andere Lösung nachdenken?« Eine solche Bemerkung sollte respektvoll formuliert sein und keine Vorwürfe enthalten, so daß der andere sie nicht als Zurückweisung, sondern als Einladung versteht, nach einer kreativen Lösung zu suchen. Idealerweise sollte es ein breites Spektrum an Ideen geben, aus denen die passenden ausgewählt werden.

Schließlich sollte die Übereinkunft noch einmal klar ausgesprochen und eine Zeit bestimmt werden, in der man den durch dieses Arrangement erzielten Fortschritt überprüfen kann: »Ich versuche vorauszuplanen, und wir beide unterhalten uns darüber, was jeder in der Woche vorhat.«

»Du wirst um halb sechs zu Hause sein und läßt mich wissen, falls du später kommst.«

»Ja, das klingt gut. Laß es uns einmal zwei Wochen lang so versuchen und uns dann darüber unterhalten, ob das so funktioniert.«

Eine Grenze, die eigenmächtig gezogen oder zurückgenommen wird, weil die Bedürfnisse eines Beteiligten sich verändert haben, kann die Kommunikation über dieses Thema vollständig zum Erliegen bringen und zu noch größeren Konflikten führen. Dann sind zusätzliche Gespräche und Verhandlungen erforderlich. Wenn aber eine Kommunikation zu einem bestimmten Thema in wirklichem Verständnis füreinander und in eine klare Übereinkunft mündet, braucht man oft keine zusätzlichen Regeln.

## *Belohnungen und Strafen*

Werden Verhandlungen über Regeln und Grenzen mit Belohnungen und Strafen gekoppelt, dann werden sie selbst ad absurdum geführt und kooperative, fürsorgliche Beziehungen behindert. Führt man solche Verhandlungen jedoch in einem Geist der Bestätigung, dann beweist man sich damit gegenseitiges Vertrauen: »Wir verpflichten uns darauf, diese Sache für beide Seiten akzeptabel zu regeln, indem wir uns für diesen Ansatz entschieden haben.« Strafen oder Belohnungen als Auswirkung einer solchen Übereinkunft signalisieren jedoch, daß einer oder beide Beteiligten annehmen, die Regel werde wahrscheinlich verletzt – ein Zeichen dafür, daß die Verhandlung nicht fair durchgeführt wurde und ein ernsthafter Mangel an Vertrauen zwischen den Beteiligten besteht, der durch das Aufstellen einer Regel nicht beseitigt werden kann. »Wenn du eine Woche lang zeitig zu Hause bist, darfst du nächste Woche ins Kino gehen.« (Bestechung) oder »Wenn du nicht, wie verabredest, rechtzeitig zu Hause bist, darfst du am nächsten Wochenende gar nicht weggehen.« (Zwang) – solche Restriktionen beinhalten die Erwartung, daß die Grenze nicht richtig gesetzt ist oder daß die Person, für die sie aufgestellt wurde, sie nicht akzeptieren oder schätzen kann. Der Fehler liegt entweder in der Regel selbst oder im Mangel an Vertrauen. Sowohl Belohnung als auch Strafen schaffen aber weder dieses notwendige Vertrauen noch kompensieren sie unrealistische Grenzen.

Belohnungen und Strafen anzuwenden, ist ein Angriff auf die Integrität und das Selbstwertgefühl von Eltern und Kindern. Belohnungen enthalten einen Beigeschmack von Bestechung – der Erfolg wurde erkauft, statt hart erkämpft und erzielt. Wer auf Fehler oder Fehlurteile mit Bestrafung reagiert, fordert Machtkämpfe heraus. Er demonstriert damit, daß er dafür ist, Manipulationen einzusetzen, um die Kontrolle über den anderen zu behalten. Jeder Beteiligte kann in einem solchen Machtkampf nur verlieren, weil die Auseinandersetzung alle Energie absorbiert, und das, worum es geht, dahinter verschwindet.

Werden an irgendeine Regel automatisch Belohnungen und Strafen geknüpft, bekommt ein Kind das Gefühl, daß es sich für einen gewissen Preis jederzeit leisten kann, die Regel zu übertreten: »Hab sowieso keinen Bock auf Kino, ich will jetzt mit meinen Freunden zusammensein« oder »An diesem Wochenende ist eh' nichts los, also bleibe ich heute abend weg«. So entsteht leicht ein Teufelskreis aus Schuldgefühlen, Versagensängsten und Gehässigkeit, in dem beide Seiten gefangen sind. Belohnungen wie Strafen sind eine Erziehungsmethode, die auf von außen aufgezwungene Disziplin setzt statt auf innerlich motivierte Selbstdisziplin. Sie erfordern die Einrichtung einer Überwachungsinstanz und bedeuten einen Kurzschluß für den Lernprozeß, indem die Last des »angemessenen« Verhaltens auf dem liegt, der es einfordert. Von einem emotional gesunden und stabilen Menschen sollte man erwarten – und wird das auch bei ihm beobachten können –, daß er vernünftige und rationale Grenzen bereitwillig einhält, wenn er davon überzeugt ist, daß solche Grenzen sowohl für ihn selbst als auch für andere sinnvoll sind.

Regeln auf dem Weg der Verhandlungen aufzustellen, ist ein Prozeß, der darauf abzielt, persönliche Verantwortung und offene Kommunikation zu ermöglichen. Ein bedeutender Teil dieses Prozesses besteht darin, Menschen die Gelegenheit zu geben, die Ergebnisse ihrer Handlung wahrzunehmen und zu lernen, wie sich ihr Verhalten auf andere auswirkt. Bestrafungen und Belohnungen enthalten Sanktionen oder Privilegien, die durch »Autoritätspersonen« gegeben werden. Demgegenüber sind Auswirkungen kluger und gleichwertiger Verhandlungen das direkte Ergebnis der eigenen Handlungen einer Person, sie sind nie konstruiert oder manipuliert.

So kann z.B. eine Übereinkunft lauten: Ein Kind ist dafür verantwortlich, daß seine Schmutzwäsche in den Wäschekorb kommt; läßt es sie auf dem Boden in seinem Zimmer liegen, dann wird sie eben nicht gewaschen. Das Kind wird zur Einhaltung dieser gemeinsam ausgedachten Regel weder angespornt noch daran erinnert. Sollte sich dann bei ihm die schmutzige Wäsche im Zimmer stapeln, steht das Kind jetzt vor einer neuen Lernsituation. Sie könnte z.B. so aussehen: Die Mutter wütend: »Heike, du brauchst morgen neue Socken. Also muß ich mich doch weiter bücken und das Zeug selbst einsammeln.« Hier lautet die Lektion: »Das war keine besonders wichtige Regel; ich komme auch so gut weg. Wenn ich die Wäsche vergesse, wird das schon jemand anders machen.«

Andererseits: Verbinden Eltern bestimmte Konsequenzen mit der Regel, dann führen sie – auch wenn sie es noch so »gut« meinen – einen Ton in die Beziehung ein wie »Na warte, Dir werd' ich's schon zeigen!« Wenn der Vater z.B. die sauberen Strümpfe versteckt, um Heike zu zwingen, ihre Wäsche in den Korb zu tun – »So wird sie es lernen, daß wir alle unsere Verantwortung haben« –, hat er sich dafür entschieden und kommuniziert das auch, daß weder er noch Heike fähig sind, ihre Schwierigkeiten miteinander durch einen offenen Dialog zu klären. Wiederholen sich derartige Vorfälle, wird Heike irgendwann merken, daß ihr Vater in Bezug auf kreatives Problemlösen »das Handtuch geworfen hat«, ihr keinen Anreiz mehr bietet und kein Partner mehr für Verhandlungen ist.

In vielen Familien gibt es bestimmte Privilegien, wie lange Aufbleiben, sich Süßigkeiten kaufen, das Auto der Eltern ausleihen, die gewöhnlich als Bestrafung zurückgehalten oder als Belohnung gewährt werden. Hat Ulrike eine Fünf in Englisch geschrieben oder ist zur Klassensprecherin gewählt worden, wird ihr Taschengeld entweder halbiert oder verdoppelt, obwohl es keine identifizierbare Verbindung zwischen dem Ereignis und der Reaktion gibt. Oft werden keine klaren Grenzen über die Verwendung der Privilegien gesetzt, und da es sich bei ihnen oft um Dinge handelt, die in Eltern gemischte Gefühle auslösen – »Auch ich mag Süßigkeiten, aber ich hasse Zahnarztrechnungen« oder »Du sollst lernen, mit Geld umzugehen, aber du gibst alles, was ich dir auszahle, für unnütze Dinge aus« – haben Eltern oft wenig Lust zu verhandeln und klare Grenzen zu formulieren.

Eines der besten Beispiele des 20. Jahrhunderts ist das Privileg, fernsehen zu dürfen. Da die Auswirkungen des Fernsehens schon so oft heiße Debatten hervorgerufen haben, sind sich viele Eltern darüber im unklaren, wieviel

Fernsehen für ihr Kind gut ist. Eines ist sicher: Ob es gut ist für sie oder nicht, Kinder (und viele Eltern) sehen äußerst gerne fern, und so ist »die Glotze« ein beliebter Verhandlungsgegenstand: »Wenn du heute alle Hausaufgaben machst, darfst du heute abend ›Ein Platz für Tiere‹ gukken«, oder »Wenn du nicht aufhörst zu quengeln, gehst du ohne ›Pumuckel‹ ins Bett.« Diesen willkürlichen und unlogischen Gebrauch einer Vergünstigung mit dem Ziel der Verhaltenskontrolle erleben Kinder als beleidigend; es macht sie wütend. So ist dies ein beliebtes Machtspiel, das sich äußerst zerstörerisch auf das Familienleben auswirkt und dem Konzept, Grenzen auf bestätigende Art auszuhandeln, zutiefst widerspricht.

Statt Privilegien als Verhandlungsmodifikations-Technik anzuwenden, sollten Eltern die Sache hinter den sogenannten Privilegien betrachten, sich ihre eigenen Werte dazu vor Augen führen, sich eine Meinung bilden und durch Praxis, Diskussion und Verhandlung entdecken, wie Privilegien dazu genutzt werden können, das Familienleben zu bereichern. Sollten Eltern nach sorgfältiger Prüfung entdecken, daß sie eine Doppelmoral darüber haben, was für sie und was für die Kinder gut ist (in Bezug auf Fernsehen, Zigaretten, Alkohol, Drogen etc.), werden sie mit ihren eigenen Einstellungen und Praktiken eher zurecht kommen, wenn sie fair und ehrlich über diesbezügliche Grenzen mit ihren Kindern verhandeln.

Grenzen sollen auf den besten Informationen beruhen, über die beide Verhandlungspartner verfügen. Gibt es keinen Zwang oder versteckte Absichten, keine »Lektionen«, die es zu lernen gilt, erwarten beide Parteien von der Übereinkunft, daß sie funktionieren wird – dann wird sie wahrscheinlich auch funktionieren. Erscheint das angestrebte Ziel unter diesen Bedingungen nicht erreichbar, liegt das vermutlich daran, daß irgend ein Faktor nicht berücksichtigt wurde oder sich die Situation verändert hat. Schuldgefühle zu vermitteln, ist absolut nutzlos und wenig produktiv. Die Tatsache, daß eine ausgehandelte Grenze nicht eingehalten werden kann, liefert wichtige Informationen über die Situation und verweist darauf, daß neue Verhandlungen nötig sind, um zu einer besseren Übereinkunft zu kommen.

## *Offen und klar Grenzen formulieren*

Grenzen sollen klar definiert und ausgesprochen werden, in einer einfachen Sprache, die keinen Zweifel an den gemachten Versprechungen oder Erwartungen läßt. Heißt es beispielsweise: »Klaus kommt *früh* nach Hause«, dann läßt dieses »früh« viel Raum für Interpretationen. Man sollte sich genau ausdrücken und eine bestimmte Zeit nennen. Wenn es darum geht, wie viele Freunde zur gleichen Zeit im Haus zu Besuch sein dürfen, einigt man sich am besten auf eine genaue Zahl. Ist der Plattenspieler zu laut, sollte festgelegt werden, bei welcher Einstellung der Lautstärkeregler stehenbleiben soll. Der immer wieder neue Austausch von Argumenten sowie die Versuchung oder das Bedürfnis, willkürliche Entscheidungen zu treffen, können vermieden werden, indem man sich jeweils sehr klar ausdrückt, bevor es einen wirklich ernsten Konflikt gibt. Wenn man sich auf eine Grenze festgelegt hat, sollte jeder Beteiligte sie noch einmal in eigene Worte kleiden, um sicher zu gehen, daß beide Seiten auf dem gleichen Stand sind; manchmal ist es sogar sinnvoll, die Übereinkunft schriftlich festzuhalten.

Einige »Familiengesetze« werden nie klar ausgesprochen, weil sie nicht freiwillig entstanden oder sorgfältig formuliert wurden. Sie sind das persönliche Eigentum einzelner Familienmitglieder, schattenhafte Widerspiegelungen angesammelter Lebenserfahrung und unbewußt erworbener Wertvorstellungen. Diese unausgesprochenen Gebote und Verbote stammen manchmal aus einer Art verborgener emotionaler Last – Sorgen, Befürchtungen, Verletzungen oder eingefleischte Vorurteile oder Gebräuche. Wenn jedes Mitglied eine bestimmte Zahl solcher mysteriöser Belastungen in die Familie einbringt, kann der kumulative Effekt überwältigend sein. Gibt es keine Möglichkeit, über diese Tabus offen zu diskutieren, sie objektiv zu betrachten und zu beurteilen, geht viel Energie dabei verloren, immer wieder zu erraten, was gemeint ist, mit dem anderen ein Schattenboxen zu veranstalten und manchmal sogar diese vagen Überbleibsel weidlich auszubeuten.

Die Tabelle »Regeln des Systems«, entwickelt von Nila und Ed Betof, ist eine Technik, um sowohl die artikulierten wie die versteckten Regeln in einer Familie, Klasse oder anderen Gruppe herauszufinden; so, wie sie von den einzelnen Mitgliedern erlebt werden. Sie ist auch ein nützli-

## *Regeln des Systems*

| | Regeln des Systems | Entspricht dem Bedürfnis des Elternteils oder des Kindes (oder beider) | Ausgehandelt | Hat deutliche Konsequenzen (natürliche oder ausgehandelte) | Wird noch aufrechterhalten | In klarer einfacher Sprache ausgedrückt | Ist allen in Fleisch und Blut übergegangen |
|---|---|---|---|---|---|---|---|
| 1. | | | | | | | |
| 2. | | | | | | | |
| 3. | | | | | | | |
| 4. | | | | | | | |
| 5. | | | | | | | |
| 6. | | | | | | | |
| 7. | | | | | | | |
| 8. | | | | | | | |
| 9. | | | | | | | |
| 10. | | | | | | | |

ches Werkzeug für jeden einzelnen, mit dessen Hilfe er das regelsetzende System bei sich selbst näher erforschen kann. Die Reaktionen auf die Tabelle können darauf verweisen, was die Teilnehmer an ihren Regeln des Systems verändern möchten und was erforderlich ist, damit genau das stattfinden kann.

Nachdem du die Tabelle ausgefüllt hast, suche nach irgendwelchen Mustern; z.B.: Entsprechen die meisten Regeln nur deinen eigenen Bedürfnissen oder nur denen des Kindes? Sind sie häufig mit Konsequenzen oder Sanktionen verbunden? Gibt es Regeln, die häufig übertreten werden oder für die es zahlreiche Ausnahmen gibt? Setzt einer der daran Beteiligten jeweils »seinen Kopf durch«? Sind die Ziele und Ergebnisse allen absolut klar? Schreibe einen Brief (den du niemals abschickst) an deinen Vater oder deine Mutter. Schildere darin eine Regel, die du aus deiner Kindheit in dein Erwachsenenleben übernommen hast. Erzähle deinen Eltern von einer neuen Regel, die du dir selbst gesetzt hast und auf die du stolz bist. Lege den Brief und die Tabelle in dein Tagebuch (s. Seite 167).

## *Grenzen flexibel und auf dem neuesten Stand halten*

Wenn wir uns daran erinnern, daß eine Eigenschaft der Bestätigung in der Erwartung besteht, daß sich jeder Mensch positiv entwickeln wird und seine Fähigkeiten immer weiter steigert, müssen wir beim Aufstellen von Regeln ebenso davon ausgehen, daß auch sie sich mit den Menschen und den Umständen verändern. Veränderung ist ein wesentlicher Bestandteil von Wachstum. In der Entwicklung von Menschen und Beziehungen sollten Verhaltensmaßregeln immer wieder neu bewertet werden, um festzustellen, ob sie mit der tatsächlichen Entwicklung noch Schritt halten. Solche Veränderungen bei Wertvorstellungen, Umständen, Informationen und Fähigkeiten betreffen die Gültigkeit von einmal gesetzten Grenzen. Familienregeln sollten nicht wie Erbstücke gesammelt und konserviert werden. Man muß sie stets verbessern und ausbessern, den Weg für neue »Verträge« frei machen, vielleicht auch für die Abschaffung aller Verträge, und damit das Vertrauen und die stärkere Autonomie der einzelnen bestärken.

Wenn Kinder noch klein sind, haben sie einen wirklichen Bedarf nach Grenzen und Regeln, die sie schützen und leiten sollen. Doch je mehr ihr Wissen, ihre Erfahrung und ihre Selbstsicherheit wachsen, desto mehr müssen Kinder die Leitlinien ihrer Eltern nach und nach überprüfen und gegebenfalls auch überschreiten, um ihre eigene »Autorität« zu werden. In einer Familie, in der Vertrauen und offene Kommunikation selbstverständlich sind, in der die Erwartung vorherrscht, daß man äußerlich aufgezwungene Grenzen verrücken und auch außer Kraft setzen kann, herrscht eine bewußte und positive Einstellung gegenüber den Neuerungen und Veränderungsvorschlägen junger Menschen.

Allein die Tatsache, daß die Zeit vergeht, verlangt eine flexible Haltung bei der Bestimmung von Richtlinien. Soziale Standards – Regeln, die von gegenwärtig populären Wertvorstellungen beeinflußt werden – verändern sich mit der Zeit wie ein Kaleidoskop, oft schneller als wir mitkommen. Manche Menschen halten an Regeln fest, als ob sie damit die Zeit zurückdrehen könnten. Andere werfen Regeln über Bord, ohne sie auch nur noch einmal anzusehen, in der Hoffnung, dann zu neuen Ufern vorstoßen zu können. Diese Mißachtung einer Moralvorstellung und ihrer Bedeutung ist – ganz unabhängig von dem jeweiligen gesellschaftlichen Urteil – eine traurige Verschwendung. Man sollte nie nur deshalb Werte wegwerfen oder sich an sie klammern, weil man dem Fortschritt nachlaufen oder sich ihm entgegenstemmen will. Jeder Mensch sollte immer wieder seine Überzeugungen im Lichte dessen überprüfen, was er gegenwärtig für richtig und wahr hält, dabei auf solche verzichten, die keinen Sinn mehr ergeben, aber sich für solche entscheiden (auch wenn es manchmal Mut erfordert), die sich als nach wie vor sinnvoll erweisen. Gerade in einer Verhandlung über neue Regeln ist es oft wichtig, sich zu vergegenwärtigen, daß auch Moral sich wandelt, und man sollte sich ruhig stolz seiner eigenen Werte versichern, aber genauso die Wertvorstellungen der anderen respektieren.

Wir sind verschieden von unseren Kindern. Wir müssen sie dazu ermuntern, unsere Wertvorstellungen kennen und verstehen zu lernen, so daß sie sie akzeptieren und wir uns miteinander austauschen können; aber wir müssen ihnen auch die Freiheit zugestehen, unsere Werte mit den Augen ihrer eigenen Persönlichkeiten und ihrer Umgebung kritisch zu betrachten; wir müssen ihnen vertrauen, daß sie bei Grenzen stehenbleiben, die Respekt für die Bedürfnisse und Werte der direkt Beteiligten beweisen. Wer es geschickt versteht, sich mitzuteilen und zu verhandeln, kann von dem emotionalen Gehalt einer Sache Abstand gewinnen und die Gültigkeit der Wertvorstellungen selbst betrachten, statt die Bedeutung oder die Integrität der Menschen in Frage zu stellen, die an ihr hängen.

Grenzen zu setzen, macht ein Thema weniger »persönlich«, so daß die Kritik sich nicht an ein Kind richtet – »du bist gut oder böse« –, sondern an eine Grundüberzeugung, die sich als sinnvoll oder nicht sinnvoll herausstellt. Wird die Grenze gegenseitig nicht akzeptiert, gibt es in einem solchen Fall kein Bedürfnis nach Bestrafung, nur eine Aufforderung nach erneuter Kommunikation und die Suche nach einer besseren Lösung. Grenzen zu setzen, bestätigt die Fähigkeiten und die Kooperation von Kindern und Eltern.

# 8.
# *Probleme und Konflikte lösen*

Nehmen wir einmal an, ich würde mich jetzt an Sie wenden und sagen: »Ich habe da ein Problem« und dazu übergehen, es Ihnen zu schildern – was würden Sie tun? Sollten Sie das Bedürfnis verspüren, mir zu helfen, werden Sie wahrscheinlich offen mit mir sympathisieren: »Oh, Sie Arme!« oder mein Problem leugnen: »So schlimm ist es ja nun auch wieder nicht!«, mich bestärken: »Sie werden schon damit fertig werden!« oder sich erinnern: »Tja, als mir das mal passiert ist...« Sie könnten sich die Rolle des Vertrauten zubilligen: »Oh, tatsächlich? Erzählen Sie mir mehr davon!« oder sich unbehaglich fühlen: »Ich glaube nicht, daß mich das etwas angeht!« Welche Reaktion Sie auch immer zeigen würden, wahrscheinlich würden Sie sich wundern: »Was ist los? Da schreibt die ein Buch zum Thema und führt jahrelang Arbeitskreise darüber durch, wie man Probleme lösen kann, und dann erzählt sie mir, daß sie selbst welche hat. Ob etwas mit der nicht stimmt?«

Nur zu oft werden Probleme als Zeichen persönlichen Versagens oder eigener Unzulänglichkeit betrachtet. Wir geben uns größte Mühe, unsere Fassade aufrecht zu erhalten; das Leben läuft perfekt, alles ist eitel Sonnenschein; denn zugeben, daß wir Probleme haben, bedeutet, öffentlich zu erklären, daß wir Fehler machen, daß wir nicht mithalten können, daß etwas mit uns nicht stimmt.

Probleme sind keineswegs bloß Abweichungen vom normalen Leben. Sondern anormal, ja sogar zerstörerisch, ist die Erwartung von Perfektion, die wir uns und unseren

Dieses Kapitel wurde von Penni Eldredge-Martin verfaßt.

Kindern auferlegen. Nachdem er einen Fernsehfilm gesehen hatte, in dem ein Geschwisterpaar für sich entschied, in Zukunft sei sein oberstes Ziel, »perfekte Kinder« zu sein, wandte sich der achtjährige Willi an seine Mutter Karin und sagte: »Mami, du möchtest auch, daß Sarah und ich so perfekt sind, oder?«

Karin dachte einen Augenblick nach: Hatte sie ihm wirklich den Eindruck vermittelt, daß sie ein perfektes Verhalten von ihm erwartete? Sicher, manchmal hatte sie schon das Gefühl, daß sie sich das wünschte. Aber wenn sie »perfektes« Verhalten wollte – welche langweiligen, oberflächlichen Menschen würden dabei herauskommen! Sie hoffte darauf, daß ihre Kinder unabhängig, phantasievoll und – ja, auch unkonventionell würden. Karin erwiderte:

»Manchmal möchte ich, daß ihr euch anders verhaltet. Aber das ist nicht das gleiche, wie von euch zu verlangen, ihr solltet immerzu perfekt sein. Ich finde dich viel spannender, und es macht viel mehr Spaß, mit dir zusammenzusein, wenn du so bist, wie du bist.«

Konflikte und Probleme sind die Nagelprobe für unseren Glauben an das Konzept der Bestätigung. Wir mögen zwar die Theorie als solche gut finden und auch versuchen, sie in unserer Familie und unseren Freundschaften umzusetzen. Doch wenn Auseinandersetzungen auf uns zukommen, reagieren wir oft ganz schnell nach der Methode: kämpfen, fliehen oder sich totstellen: »kämpfen« bedeutet, mit verbalen Angriffen oder einer starren Regel zu antworten; »fliehen« bedeutet, das Problem zu ignorieren, zu leugnen, uns selbst zurückzuziehen oder aus dem Feld zu gehen; »sich totstellen« bedeutet, psychisch unbeweglich zu werden, unfähig, bewußt das Problem anzugehen und sich mit ihm auseinanderzusetzen. Gekoppelt mit Angst, Schuldgefühlen und ungeschicktem Verhalten, können solche Reaktionen eine erfolgreiche Problemlösung nachhaltig behindern. Doch mit Hilfe von Bestätigung, angemessener Unterstützung und den verfügbaren Informationen und

Fähigkeiten können Menschen lernen, sich vertrauensvoll ihrem Problem zu stellen und es zu lösen.

Wenn wir erkennen, daß jeder Mensch – wir genauso wie alle anderen – am besten seine Probleme selbst lösen kann, werden Schwierigkeiten zu Gelegenheiten, daß jeder seine ihm gemäße Lösung finden und sich dadurch weiterentwikkeln kann. Statt eine »Ich gegen Dich«-Dynamik in Gang zu setzen, können wir zu einer Einstellung gelangen, die sich als »Wir gegen das Problem« umschreiben läßt. Die gemeinsame Arbeit an einem Problem bedeutet nicht nur, alle individuellen Fähigkeiten und Kenntnisse in einem gemeinsamen Plan zur Problemlösung einzubringen. Meist stellt sich auch mit der Lösung eine neue Einsicht als persönlicher Gewinn ein. Je mehr das Schwarz-Weiß-Denken überwunden wird, desto mehr kann der so vermiedene Machtkampf neue Energien und Phantasie freisetzen.

Nähern wir uns einem Problem vertrauensvoll, d.h. betrachten wir den Konflikt als eine Möglichkeit, etwas Neues dazuzulernen, dann erleben wir das Erreichen einer Lösung als bestätigende, phantasievolle Anpassung an die Komplexität einer sich ständig verändernden Umwelt. Statt uns über eherne Gesetze oder Vorurteile, die durch Alter, Tradition oder Modeströmungen diktiert werden, die Köpfe heißzureden, können wir uns auf unsere persönlichen Stärken, Eigenschaften, Bedürfnisse und Fähigkeiten konzentrieren – die integralen Bestandteile eines Prozesses, der irgendwann zu einer Lösung führen wird. Indem wir die entscheidenden Komponenten gemeinsam herausfinden, können wir damit beginnen, einzigartige, spezifisch auf diese Situation zugeschnittene Lösungen zu entwickeln. Grundlegend für diesen Prozeß ist die Einstellung, an sich und andere Menschen zu glauben, sowie die Entwicklung eines Lösungsmodells und die akzeptierende Grundhaltung, daß alle Standpunkte gleich wichtig und richtig sein können – das bedeutet, anzuerkennen, daß es nur selten eine richtige Lösung gibt.

Die elfjährige Marlies war insgesamt neun Jahre lang in drei verschiedenen Pflegefamilien gewesen. Als sie schließlich in die Familie Berensen kam, hatte sie das Problem, jede Nacht ins Bett zu machen. Niemand vom Jugendamt hatte das den Berensens gesagt. Jeden Morgen erschien Marlies in der Küche, mit nasser Hose und schlechter Laune. Elke und Wolfgang Berensen entschieden, daß sie mit Marlies ein gemeinsames Problem hatten: ihr Bettnässen, die damit verbundenen Gefühle und die Mühsal der häufigen Wäsche. Sie sprachen alle drei über das Problem und entwickelten eine Liste möglicher Lösungen. Schließlich einigten sich alle auf einen gemeinsamen Plan. Zum einen würde Marlies abends nach acht Uhr nichts mehr trinken. Zum zweiten würde für den Zeitraum von zwei Wochen jede Nacht um zwei Uhr Marlies' Wecker klingeln. Wolfgang erklärte sich bereit, darauf zu achten, daß Marlies dann auch wirklich aufstand und auf die Toilette ging. Zum dritten würde Marlies in den beiden folgenden Wochen selbst dafür sorgen, daß ihr Wecker gestellt war, sie allein aufstand und zum Klo ging. Marlies war auch damit einverstanden, daß sie – falls sie doch wieder aus Versehen ins Bett machen sollte – eine extra Maschine Wäsche waschen, sie aufhängen, zusammenlegen und bügeln würde. Sollte dies nur einmal vorkommen, so wurde vereinbart, würde niemand in der Familie den Vorfall erwähnen. Nach einem Monat war das Problem – Marlies' Bettnässen, die Notwendigkeit, jeden Tag die Bettwäsche zu wechseln, der Ärger und Groll aller Beteiligten – verschwunden. Alle hatten sich gegenseitig bei der Problemlösung geholfen; und Marlies hatte sich einmal als verantwortliche, kompetente Person »beweisen« können.

Eine positive Grundeinstellung, der Glaube an sich selbst und andere ist für den Prozeß der affirmativen Problemlösung ganz wesentlich. Diese Einstellung gründet auf der Annahme, daß jeder Beteiligte sich verantwortlich und respektvoll dem Prozeß und seinem Ergebnis gegenüber verhält. Droht man jedoch Strafsanktionen an, um unakzeptables Verhalten zu verhindern oder zu beenden, dann stellt man damit die Integrität eines Menschen in Frage und sagt indirekt: »Wenn du deinen Teil der Vereinbarung nicht einhalten kannst, habe ich immer noch genug Macht, um zu beurteilen, was richtig und was falsch ist, und um entsprechende Ergebnisse zu erzwingen.« Solche Handlungen oder Einschüchterungen verhindern eine Bestätigung; statt dessen beinhalten sie Aussagen wie »Du hast dich nach meinen Maßstäben zu richten!« oder »Es gibt nur eine richtige Antwort – meine!«. Es ist unehrlich, jemanden dazu einzuladen, in einen Prozeß der gemeinsamen Verantwortlichkeit, Macht und gegenseitiger Unterstützung einzutreten, wenn am Ende die Ungleichheit der Meinungen und daher Unverantwortlichkeit steht. Vorstellungen wie, eine Seite wisse die richtige Antwort und werde die andere schon zur Zustimmung bewegen oder zwingen, schließen jeden bestätigenden Ansatz kurz. Häufig sagen sich Erwachsene »Aber ich will nicht, daß mein Kind den gleichen Fehler macht wie ich damals!« Dieser Drang, Kinder zu beschützen, indem man ihr Problem »in der Hand behält«, verstärkt das Vorurteil, Erwachsene wüßten immerzu, was richtig ist. Ein solches Verhalten führt dazu, daß junge Menschen sich als unerfahren empfinden und geradezu Angst davor haben, sich selbst an Problemlösungen zu versuchen.

Erwachsene müssen ihre Überzeugung, daß Probleme auf bestätigende Art und Weise gelöst werden können, dadurch in die Tat umsetzen, daß sie mit Menschen aller Altersgruppen auf dieser Grundlage zusammenarbeiten. Wenn sie das tun, müssen sie einige langgehegte Überzeugungen und Vorurteile über sich selbst, über Kinder, Probleme und Konflikte »verlernen«.

## *Ein Wort zum »Prozeß«*

Seit einiger Zeit ist es in Mode gekommen, Kinder nach bestimmten »Formeln« zu erziehen. Solche Formeln sind wahrscheinlich deshalb so beliebt, weil sie Patentrezepte für alle Gelegenheiten versprechen. Haben Sie Probleme mit Ihrer Sauberkeitserziehung bei Ihrem Zweijährigen? Wollen Sie Ihrer Neunjährigen beibringen, ihr Zimmer aufzuräumen? Wissen Sie nicht, wie Sie Ihrem Fünfzehnjährigen klarmachen sollen, daß er um Mitternacht zu Hause zu sein hat? Gehen Sie in den nächsten Buchladen, dort finden Sie die Lösung! Wie ich schon am Anfang des Buches erwähnte, liegt der Fehler dieser Systeme darin, daß, wenn Sie einmal versagen, immer zuerst die Frage naheliegt: »Was habe *ich* falsch gemacht?« Für individuelle Veränderungen, Fähigkeiten, Neugier oder Vorlieben bleibt da wenig Raum; Vergangenheit, Ziele für die Zukunft und Familienstrukturen werden nur selten in Betracht gezogen. Mit anderen Worten: Solche Systeme sind starr, konzentrieren sich nur auf das »Hier und Jetzt« und lassen für die zahlreichen Variationen oder Bedürfnisse menschlicher Erfahrung keinen Platz. Auch besteht die Gefahr, daß diese Problemlösemethoden als Produkt einer exakten, technischen Wissenschaft betrachtet werden, die Erwachsene zu lernen haben, und die bei den Kindern »angewendet« werden. Da der Erwachsene nach Lektüre solcher Patentrezepte über exklusives Wissen verfügt und seine so erworbenen Kenntnisse ebenso exklusiv anwendet, bleibt er im Besitz der Macht. Doch Hierarchien innerhalb der Familie und die damit verbundene Manipulation stehen dem Glauben an das Konzept der Bestätigung diametral entgegen. Sicher, es ist verlockend, schwierige Alltagsprobleme nach einer »Formel« zu lösen. Wenn wir solche Konzepte aber in unserem Alltag tatsächlich anwenden, müssen wir lernen, zu improvisieren, sie zu erweitern und aus ihnen weitere Denk-und Verhaltensmöglichkeiten abzuleiten.

Das Konzept der Bestätigung beinhaltet die Überzeugung, daß jeder Mensch sein Problem am besten selbst lösen kann. Dieser Prozeß fordert mehr von uns, als uns nur an Formeln zu orientieren. Denn wenn wir in einen Dialog eintreten und akzeptieren, daß wir uns verantwortlich gemeinsam um eine Lösung bemühen, ist das weitaus weniger bequem, als einem vorausgeplanten Ergebnis entgegenzusehen. Statt dessen werden wir herausgefordert, uns gegenseitig zu vertrauen und zu schätzen; dann sind zwar die Risiken, aber auch die Belohnungen höher.

## *Unsere Bedürfnisse verstehen*

Probleme und Konflikte sind einander zwar ähnlich, aber nicht gleichbedeutend. Beide unterbrechen unsere Routine und erschüttern unsere Erwartungen, indem sie neue, alternative oder widersprüchliche Informationen in eine Situation einbringen. Der Unterschied liegt im Ausmaß der Unterbrechung. Probleme sind weniger schwerwiegend und können als Rätsel betrachtet werden, als Fragestellungen, die genau analysiert und beantwortet werden wollen, als Quelle von Ärgernissen. Konflikte enthalten jedoch ein größeres Ausmaß an Spannung, die durch Interessengegensätze und daraus folgenden Auseinandersetzungen entstehen und einen Widerstreit von Motiven, Bedürfnissen und Bestrebungen enthalten. Probleme und Konflikte können im Innern eines Menschen oder zwischen verschiedenen Personen auftreten. Probleme entstehen, wenn Bedürfnisse nicht erfüllt werden; Konflikte treten auf, wenn Bedürfnisse miteinander kollidieren.

Leicht erkennbar sind Bedürfnisse wie Schlaf, Essen, Kleidung, Geld und vielleicht Bewegung und Unterhaltung. Weniger offensichtlich sind Bedürfnisse nach Intimität, Unterstützung, Alleinsein, Verläßlichkeit oder Sicherheit; denn diese werden auch manchmal übersehen, mißverstanden oder ignoriert. Jeder von uns hat eine Menge verschiedener Bedürfnisse, die sich je nach Tageszeit, Woche oder Lebensalter zum Teil drastisch ändern können. Doch wie auch immer sie im einzelnen aussehen mögen – sie gehören zu uns, wir sind ihnen daher ebenso verantwortlich wie wir *für* sie verantwortlich sind.

Leider erleiden Bedürfnisse häufig dasselbe Schicksal wie Probleme: irgendwie legen sie, insbesondere wenn es emotionale Bedürfnisse sind, die Schlußfolgerung nahe, sie seien auf eine persönliche Unzulänglichkeit zurückzuführen. Und so vermeiden wir es nach Möglichkeit, sie direkt anzusprechen oder darauf zu bestehen, daß sie erfüllt werden. Wir erwarten von unseren Bezugspersonen, daß sie unsere Bedürfnisse intuitiv richtig erfassen: »Wenn er mich nur genug lieben würde, wüßte er, was ich mir zum Geburtstag wünsche ...« Wir sind auch noch stolz darauf, unsere Bedürfnisse zu unterdrücken, weil wir uns dazu verpflichtet fühlen: »Ich habe zwar starke Migräne, aber ich habe meiner Schwester versprochen ...« Obwohl wir im allgemeinen unsere emotionalen Bedürfnisse wie Geheimnisse hüten, sind wir frustriert und ärgerlich, wenn sie nicht erkannt und erfüllt werden.

Bedürfnisse genau zu identifizieren und abzuklären, ist zwar kompliziert, aber ein integraler Bestandteil bestätigender Problem- und Konfliktlösung. Manche Bedürfnisse sind offensichtlich, einfach zu erkennen und zu verstehen: So möchte z.B. ein Vater oder eine Mutter nachts in das dunkle Kinderzimmer hineingehen können, ohne über herumliegendes Spielzeug zu stolpern; oder ein Kind möchte im Auto am Fenster sitzen, weil ihm übel wird, wenn es nicht hinaussehen kann. Auf diese konkreten, leicht definierbaren Bedürfnisse kann man am leichtesten eingehen.

Dagegen sind emotionale und mit Wertvorstellungen verbundene Bedürfnisse subjektiver, daher vielleicht schwerer zu identifizieren und zu behandeln: So mag ein kleines Kind wünschen, daß es jemand an der Haustür empfängt, wenn es heimkommt, weil es sich davor fürchtet, in ein leeres Haus hineinzugehen; oder Eltern möchten, daß die Kinder an verschlossenen Türen in der Wohnung vor dem Eintreten anklopfen, weil sie ihre Privatsphäre schützen wollen. In solchen Fällen ist es sehr wichtig, genau auszusprechen, was unser Bedürfnis ist, woher es kommt und, falls notwendig, auf welche Weise andere dabei helfen können, ihm zu entsprechen. Können oder wollen sie uns dann nicht helfen, war es dennoch gut, unser Bedürfnis geradeheraus zu benennen: Das fordert die Ehrlichkeit der anderen Seite heraus und kann der Beginn einer offenen Verhandlung sein.

Wenn unsere Bedürfnisse von denen unseres Gegenüber verschieden sind oder gar mit ihnen kollidieren, ist oft eine schwierige Testsituation für Bestätigung gegeben.

Der 16jährige Werner kam vom Einkaufen nach Hause – in einer »Punk-Jacke«. Seine Freunde hatten ihn auf den Arm genommen, weil er immer so konservativ angezogen war; und er dachte, er könne den Druck, den sie auf ihn ausübten, dadurch mildern, daß er sich etwas Modisches kaufte. Er wollte in seiner Gruppe nicht unangenehm auffallen; und außerdem fand er die Jacke schick. Als Werners Eltern sahen, was er sich gekauft hatte, gab es einen Riesenkrach. Nach den ganzen Geschichten über Punks, die sie gehört und gelesen hatten, versetzte sie der Gedanke, Werner könnte da »hineingeraten« sein, in helles Entsetzen. Glücklicherweise verstand sich Werner mit seinen Eltern, und nach dem ersten Ausbruch konnten sie sich gegenseitig ihre Bedürfnisse schildern: Werner wollte von seinen Eltern akzeptiert werden, seine Eltern brauchten die Rückversichung, daß Werner sich nur äußerlich verändert hatte. Auch wenn er sich tatsächlich den Punks angeschlossen hätte – trotz ihrer verschiedenen Wertvorstellungen konnten sich Werner und seine Eltern verständigen; auf diese Weise konnte Werner auch akzeptieren und darauf eingehen, daß sie sich um ihn Sorgen machten.

## *Bedürfnisse benennen und Probleme ansprechen*

Wenn Konflikte oder Probleme daraus entstehen, daß Bedürfnisse einander widersprechen oder ihnen nicht entsprochen wird, läßt sich herausfinden, wo die Verantwortung für die Lösung liegt, wenn man die Bedürfnisse der Beteiligten genau kennt. Thomas Gordon nennt drei Möglichkeiten, wem das Problem »gehören« kann: mir, dem andern oder uns beiden zusammen (der Beziehung).

Wenn »mir« das Problem gehört und das Verhalten einer anderen Person das Bedürfnis unbeachtet läßt, entsteht ein Konflikt. Ein Beispiel: Ihre vierjährige Tochter hat sich im Wohnzimmer breit gemacht und spielt dort mit ihren Autos und Bausteinen. Unerwartet treffen plötzlich Gäste ein. Sie möchten eigentlich mit ihnen ins Wohnzimmer, aber es ist Ihnen peinlich, wie es dort aussieht, außerdem stört Sie der Krach. Ihre Tochter spielt vergnügt; ihren Bedürfnissen wird entsprochen. Es ist *Ihr* Problem, daß Sie sich in einem ruhigen, aufgeräumten Wohnzimmer mit Ihren Gästen unterhalten wollen.

Haben Sie die Funktion eines Beobachters in einer Situation, dann gehört der Konflikt jemand anderem. Die Umstände sehen so aus, daß die Bedürfnisse einer anderen Person mit denen einer dritten kollidieren. Auch hierfür ein Beispiel: Ihre Frau kommt niedergeschlagen und ärgerlich nach Hause, weil ihr Chef ihre Bitte nach einem eigenen Büro abgelehnt hat. In diesem Fall handelt es sich um das Problem Ihrer Frau (einer anderen Person), da ihrem Bedürfnis nach Anerkennung nicht entsprochen wurde. Sie sind nicht direkt in diese Angestellten-Chef-Beziehung einbezogen; Ihre Bedürfnisse sind nicht betroffen.

Eine dritte Situation ist dann gegeben, wenn Ihre Bedürfnisse und die von anderen aufeinanderprallen; dann befinden Sie sich in einem Konflikt. Einer von Ihnen oder

Sie beide haben einen starken Drang, so weiterzumachen wie bisher, obwohl Sie wissen, daß dieses Verhalten den anderen daran hindert, seinen Bedürfnissen nachzugehen. Das Problem gehört Ihnen beiden gemeinsam – genau gesagt, Ihrer Beziehung. Zur Illustration: Ihre Familie ist sich darin einig, daß alle gemeinsam für Saat, Pflege und Ernte im Garten verantwortlich sind. Die grünen Bohnen sind reif, Sie haben eines Morgens Zeit, sie einzufrieren, und bitten Ihren zehnjährigen Sohn, die Bohnen zu pflücken. Er lehnt ab und meint, er wolle erst sein Buch zu Ende lesen. Jeder von Ihnen ist sich bewußt, daß seine Forderung dem anderen Schwierigkeiten macht.

Bedürfnisse, denen nicht entsprochen wird, können zu Verhaltensänderungen führen. Dadurch kann eine Kettenreaktion in Gang kommen, die das Problem verdichtet, verschleiert oder sogar verschlimmert. Läßt eine Person, die sich im Konflikt mit anderen befindet, z.B. ihre Frustration heraus, indem sie Familie und Freunde beschimpft (»Es ist nur Eure Schuld!« oder »Du verstehst mich einfach nicht!«), können dadurch neue Probleme für die Beziehung entstehen. Betrachten wir dagegen Probleme als Gelegenheiten, uns mit Bedürfnissen auseinanderzusetzen und uns dadurch weiterzuentwickeln, und lernen wir, sie zu akzeptieren oder für sie Verantwortung zu übernehmen – dann lassen sich Probleme positiv wenden, weil sie uns Wissen vermitteln und neue Motivation entstehen läßt.

Wir sind zwar alle verschiedene Menschen, doch wir müssen alle am gleichen Punkt beginnen, das Problem in Angriff zu nehmen. Wir sollten zuerst genau herausfinden, welche Bedürfnisse nicht befriedigt werden und welche miteinander in Widerspruch stehen. Dann müssen wir feststellen, wer die Verantwortung und die Gelegenheit erhalten sollte, den Problemlöseprozeß einzuleiten. Anschließend können wir die relevanten Informationen sammeln und die Unterstützung suchen, die notwendig ist, um das Problem »für uns arbeiten« zu lassen. Auf diese Weise setzen wir den Prozeß in Gang, unser Problem zu bearbeiten, statt bloß auf es zu reagieren.

Als freie Mitarbeiterin in einer Notrufzentrale für geschlagene Frauen verstand und akzeptierte ich für mich die Grundregel, daß wir die Entscheidungen nicht *für* die mißhandelten Frauen treffen dürfen. Doch solche Worte klangen hohl in meinem Kopf, als ich eines Morgens um halb sieben der weinenden und mißhandelten 19jährigen Ellen und ihren beiden kleinen Kindern begegnete, die mich mit glasigen Augen anstarrten. Ellens Mann hatte sie schon monatelang mißhandelt, aber in der vergangenen Nacht hatte er sie und die beiden Kinder auch noch mit einem Gewehr bedroht. Am liebsten hätte ich die drei in meinen Arm genommen, sie zu mir nach Hause gebracht, ins Bett gesteckt und ihrem Mann die Polizei ins Haus geschickt. Ich einigte mich jedoch mit Ellen, daß ich sie in ein Haus bringen würde, wo sie sicher wäre und entscheiden konnte, welche Schritte sie als nächstes unternehmen wollte. Zwei Stunden, nachdem ich Ellen verlassen hatte, hörte ich, daß sie mich sprechen wollte. Sie hatte ihren Mann angerufen, und der hatte sich reumütig gezeigt, insbesondere nachdem er beim Aufwachen festgestellt hatte, daß sie gegangen war; er hatte sie inständig angefleht, nach Hause zurückzukommen und versprochen, ihr nie wieder wehzutun.

»Ich glaube, ich möchte nach Hause gehen, aber ...«

Diesen Satz sagte sie bestimmt zehnmal, und immer wartete sie darauf, daß ich ihn beendete. Statistiken, Fallgeschichten und Horrormeldungen schwirrten mir durch den Kopf, während ich versuchte, die Tatsache zu akzeptieren, daß es *ihr* Problem, *ihre* Bedürfnisse und *ihre* Wertvorstellungen waren, nicht meine. Ich fragte mich, was sie wollte, warum sie zögerte.

»Ellen, ich kann dir nicht sagen, was du tun sollst. Ich kann dir zuhören, während du die Sachlage durchdenkst, aber du mußt entscheiden, denn es ist dein Leben.«

Als ich eine Stunde später zurückkam, um ihr beim Pakken zu helfen, mußte ich mich mühsam zurückhalten, sie nicht bei den Schultern zu packen und zu schütteln. Ich mußte mir sagen: Auf ihre Weise hatte Ellen etwas Dramatisches getan. Sie hatte ihren Ehemann verlassen, ihr Zuhause, ihre Verwandten. Vielleicht zum ersten Mal in ihrem Leben hatte sie eine selbständige Entscheidung getroffen. Das war sicherlich erschreckend und für heute, so hatte Ellen das Gefühl, genug.

In psychologischen Untersuchungen werden Opfer von Mißhandlungen als gehorsame, passive Menschen geschildert, die sich selbst die Schuld für ihre Schwierigkeiten und Konflikte zuschreiben. Sie übernehmen für alle möglichen Probleme die Verantwortung, warten aber darauf, daß andere sie lösen. Diese Beschreibung trifft auf viele von uns zu, nicht nur auf Opfer von Mißhandlungen! Als ich Ellen Informationen und Unterstützung anbot, während ich auf ihre Entscheidung reagierte, bestätigte ich sie in ihrer Fähigkeit, eine eigenständige Lösung für ihr Problem zu finden. Zwar entschied sie sich anders, als ich es erhofft hatte, und dadurch rief sie zahlreiche Fragen und Befürchtungen bei mir hervor, aber ich hatte zu akzeptieren, daß es ihr Problem war.

Fehlinterpretationen, Frustrationen und Schuldgefühle treten seltener auf, wenn man sich gegenseitig Aufmerksamkeit schenkt mit dem Ziel, Bedürfnisse zu verstehen, zu klären und ihnen, wo möglich, zu entsprechen. Die Verantwortung sollten wir nur für solche Probleme übernehmen, die wirklich die unsrigen sind.

## Wege zur Problem- und Konfliktlösung

Wie ich schon vorhin sagte, sind Probleme und Konflikte keine irrtümlich auftauchenden Phänomene. Wenn wir ihnen sorgfältig Aufmerksamkeit schenken, können unsere zwischenmenschlichen Beziehungen gestärkt und bestätigt werden. Es gibt bestimmte Techniken, mit deren Hilfe Probleme und Konflikte gelöst werden können. Sie beruhen auf dem Glauben an gleichwertige Verhandlungen und wenden sich gegen die Erwartung, es könne eine einzige »richtige« Antwort oder Lösung geben.

Das *Ziel-Wunsch-Problemlösen* ist eine sinnvolle Technik, um neue Ideen zu gewinnen und zu erproben, wenn wir an einem Problem arbeiten müssen, das mit unseren eigenen, unerfüllten Bedürfnissen zu tun hat. Wenn Konflikte entstehen, reagieren Familie, Freunde und Kollegen häufig betroffen; sie wollen helfen, aber nur zu oft kommt diese Hilfe in Form von ungebetenen Ratschlägen, Mahnungen, Urteilen und Meinungen. Der *Ziel-Wunsch*, ein stark strukturierter Prozeß, ermöglicht es den Beteiligten, wie ein gemeinsames großes Gehirn zu arbeiten. Es werden dabei Antworten auf das Problem gegeben, die nur in einem Satz bestehen. Der »Eigentümer« des Problems bekommt die »unterstützende Aufmerksamkeit« und alle Energie derjenigen, die sich um ihn versammeln, genauso wie die Liste all der Ideen, die man gemeinsam entwickelt hat.

Als Jörg noch einmal zur Schule gehen wollte, aber sich von seiner Arbeit und seinen Familienpflichten nicht lösen konnte, versammelte er einige seiner Freunde um sich, legte ihnen das Problem dar und ließ dann die Gruppe ein Brainstorming machen darüber, welche Handlungsmöglichkeiten es jetzt für ihn gebe. Er wählte dann die Ideen aus, die ihm vielversprechend erschienen, nannte daran die Schwachpunkte, und die Gruppe begann wieder zu überlegen, wie dieser Fehler zu beseitigen sei. Der Ziel-Wunsch-Prozeß bereicherte Jörgs Überlegungen zu seinem Problem und erlaubte es ihm, neue Möglichkeiten zur Erreichung seines Zieles in Betracht zu ziehen, ohne gleich Entschlüsse fassen zu müssen.

Konflikte in einer Beziehung können eine besondere Herausforderung darstellen, weil sie Gefühle von Verletztheit und Verteidigungsbereitschaft hochkommen lassen. Diese Kollision unbefriedigter Bedürfnisse wird zu einem Willenstest: das Gerechtigkeitsempfinden der einen Person gegen das der anderen. Dieser Machtkampf kann jede Möglichkeit zur Weiterentwicklung blockieren. Ein bestätigender Ansatz dagegen betont die gegenseitige Verantwortung für den Konflikt sowie den Glauben daran, daß an einer kooperativen, befriedigenden Lösung gearbeitet werden kann und beide mit dem Ergebnis leben werden. Das Ziel ist, unbefriedigte Bedürfnisse zu erfüllen oder einen Kompromiß zu finden.

Häufig entstehen Beziehungsprobleme aus fehlerhafter Kommunikation; aus der Erwartungshaltung, der andere solle ahnen, was man will; oder aus der Unfähigkeit, unsere Bedürfnisse klar herauszufinden. Das *Virginia-Kreuz* (siehe Seite 215) ist eine strukturierte Gesprächstechnik, die es den »Trägern« eines Konfliktes oder Dilemmas erlaubt, mit Unterstützung oder Widerspruch zweier anderer Menschen über die Sache zu sprechen. Die Gegenwart der beiden anderen führt häufig dazu, daß eine angespannte Situation gelockert wird, weil die Beteiligten aufhören, aneinander vorbeizureden, statt miteinander zu reden.

Reiner und Uschi waren Teilnehmer eines Workshops; irgendwann brachten sie ihr Gefühl zum Ausdruck, daß in ihrer Beziehung irgend etwas nicht mehr stimmte. Sie bildeten mit zwei anderen Gruppenmitgliedern ein Virginia-Kreuz. Das gab jedem von ihnen die Gelegenheit, das Problem so darzustellen, wie er bzw. sie es sah, und dabei das Wesentliche von einem »Echo« wiederholen zu lassen. Während der ersten fünf Jahre ihrer Ehe hatte Reiner nur stundenweise gearbeitet und sich statt dessen um Hausarbeit und Küche gekümmert, während Uschi voll berufstätig war. Als das erste Kind kam, wurden die Rollen getauscht; doch häufig machte Reiner nach dem Abendessen Uschis Arbeiten noch einmal, bis das Ergebnis seinen Vorstellungen entsprach. Zu Hause sprachen beide kaum mehr ein

Wort, es herrschte eine angespannte Atmosphäre. Mit Hilfe ihrer Partner im Virginia-Kreuz gelang es Reiner und Uschi, sich ihre Gefühle von Frustration, Groll und Schuldbewußtsein zu beschreiben, ohne sich gegenseitig anzugreifen. In Gegenwart ihrer unvoreingenommenen »Echos« fühlten sie sich sicher und wurden ermuntert, in diesem Prozeß fortzufahren, bis die einander widersprechenden Bedürfnisse deutlich herausgearbeitet waren. Das Paar gewann wertvolle und dringend benötigte Erfahrungen darüber, wie wichtig es ist, Wertvorstellungen und Gefühle anzusprechen und geradeheraus zu sagen, was sie brauchten oder nicht ertragen konnten.

In einigen Konfliktsituationen kann die andere Seite nicht als aktiver Teilnehmer in die Problemlösung mit einbezogen werden. Vielleicht deshalb, weil diese Person gar nicht merkt, daß das Problem existiert oder sie sich zu unrecht angegriffen fühlt. Die Unfähigkeit oder Unwilligkeit des anderen, auf Bedürfnisse zu reagieren, kann als hinderlich *erlebt* werden, muß es aber nicht unbedingt sein. Indem wir unseren eigenen Teil des Problems herausfinden und daran arbeiten, überwinden wir Gefühle von Frustration, Macht- und Hilflosigkeit. Selbst wenn nur langsam Fortschritte gemacht werden oder keine Zusammenarbeit zustandekommt, hilft es, das Problem klarer und objektiver zu betrachten; das wiederum verstärkt unser Selbstwertgefühl. Manchmal fühlen wir uns schon besser, wenn wir nur wissen, daß wir *irgend etwas tun*.

Die Methode des *»Umkehr-Problemlösens«* (siehe Seite 211) hilft dabei, unser Selbstbild als Opfer loszuwerden. Zunächst braucht man einen aufmerksamen Zuhörer. Dieser achtet darauf, daß der »Träger« des Problems die Schritte dieses Prozesses in der richtigen Reihenfolge unternimmt: herausfinden, welche Rolle der Betroffene bei dem ganzen Problem spielt; die beteiligten Gefühle herausfinden; feststellen, wie der Betroffene sich selbst bewertet oder ablehnt; schließlich entscheiden, wie die Abwertung in eine Selbst-Bestätigung und positive Handlung umgewandelt werden kann. Einmal gelernt, bietet dieser Prozeß einen eigenständigen Ansatz, sich Schritt für Schritt Problemen zu nähern, die wir sonst für zu schwierig halten, um uns selbst zu versuchen.

Laura, eine Gymnasiastin, nahm an einem Eltern-und-Jugendliche-Arbeitskreis teil. Sie erzählte, sie sei frustriert, weil ihre Mutter sie so oft zu spät von der Schule abholte: »Ich muß doch nach Hause. Ich habe noch so viel zu tun!« Laura hatte das Gefühl, daß ihre Mutter in dieser Hinsicht eine Doppelmoral hatte: Sie selbst wollte sicherlich nicht auf ähnliche Weise »sitzengelassen« werden. Als Laura sich in der Gruppe beklagte, fuhr ihre Mutter hoch: »Du scheinst deine Zeit aber nicht immer so wichtig zu nehmen, wenn du telefonierst oder fernsiehst und dabei deine Hausarbeiten bis zur letzten Minute aufschiebst!« Nachdem sie ihr Problem nach Art des »Umkehr-Problemlösens« mit einer anderen Teilnehmerin des Arbeitskreises durchgesprochen hatte, erkannte Laura, wie ihre eigene Doppelmoral zu ihrem Problem mit ihrer Mutter beitrug. Sie verhielt sich oft so, als ob ihr Zeit nichts bedeute, und jetzt hatte sie das Gefühl, daß *sie* für ihre Mutter unwichtig war. Sie entschied sich dafür, ihr Denken umzudrehen: »Ich bin unwichtig! Meine Zeit ist wichtig!« Als ersten Schritt plante sie, ihre Zeiteinteilung zu Hause bewußter anzugehen. Sie war zuversichtlich, daß dies ihrer Mutter helfen würde, sie in einem anderen Licht zu sehen und entsprechend zu reagieren.

Wir können Bestätigung demonstrieren, indem wir eine angemessene Unterstützung und Ermutigung bereithalten, damit jeder seine (nicht *unsere*) Antwort finden kann. Ist eine Situation gekennzeichnet durch Frustration, Unsicherheit und Wutausbrüche, verfallen manche Menschen auf unangemessene Reaktionen. Kleine Kinder sind unerfahren im Problemlösen und unsicher über ihre intellektuellen Fähigkeiten; so sind sie immer in Versuchung, eine

Gewaltlösung anzustreben, nur damit die Situation geklärt ist. Sogar Erwachsene greifen, wenn die emotionalen Wellen hochschlagen, zu Verhaltensweisen wie: dem anderen über den Mund fahren, ihn bestechen oder unterdrücken, statt sich dem »Miteigentümer« eines Problems von Angesicht zu Angesicht zu stellen. In solchen Situationen kann eine dritte Partei besonders hilfreich sein, als *»Unterstützende Anwesenheit«* (siehe Seite 214).

Marion und Rita waren mitten in einer hitzigen Auseinandersetzung um eine unbesetzte Schaukel, als Walter dazukam und die beiden Streithähne sanft aber nachdrücklich voneinander trennte. Rita, die größere und selbstsichere der beiden, schrie und drohte: »Du kannst jetzt nicht auf die Schaukel – ich bin jetzt dran!« Marion hatte Tränen in den Augen und fürchtete sich offenbar vor Rita, schien aber entschlossen, nicht nachzugeben. Walter nahm die beiden Mädchen bei der Hand und führte sie zu einer Bank im hinteren Teil des Spielplatzes. Er sagte zu beiden: »Ich bleibe hier bei euch sitzen, um sicherzugehen, daß ihr euch gegenseitig nicht weh tut. Keine verletzenden Worte oder Taten! So, und nun denkt euch gemeinsam eine Lösung aus.« Er widerstand Marions flehentlichen Blicken nach Fürsprache ebenso wie Ritas störrischer Wiederholung, sie oder keiner würde sich als nächstes auf diese Schaukel setzen. Da beide zurück wollten und schließlich erkannten, daß Walter das Problem nicht für sie lösen würde, verhandelten die beiden Mädchen letztlich doch über einen gegenseitig akzeptablen Plan zur Benutzung der Schaukel.

In einer ähnlichen Situation zwischen zwei Erwachsenen saßen Margret und Thomas einmal in einer Zwickmühle, weil ihre so unterschiedlichen Ansichten über ihre Arbeit es ihnen schwer machten, im selben Büro weiterhin zusammenzuarbeiten. Beide wollten eigentlich offen darüber reden, aber weil sie schon eine so lange gemeinsame Geschichte der kleinen Feindseligkeiten und großen Mißverständnisse hatten, fürchteten sie sich vor einer offenen

Konfrontation. Harald, ein aufmerksamer und von beiden respektierter Kollege, bot sich an, als Beobachter dabei zu sein (in Form von »Unterstützender Anwesenheit«), während die beiden ihre Karten offen auf den Tisch legten. Seine Gegenwart schuf eine sichere Atmosphäre, so daß sich die beiden trauten, offen miteinander ihren Konflikt auszutragen.

Konflikte und Probleme werden uns unser ganzes Leben hindurch begleiten; sie lassen sich nie ganz beseitigen und sind selten einfach zu handhaben. Sie verlangen nach Veränderung und Kompromiß, werden immer von einer Vielzahl von Gefühlen und Bedürfnissen begleitet und stellen unsere Fähigkeit auf die Probe, das Konzept der Affirmation zu akzeptieren und nach der Überzeugung zu handeln, daß jeder Mensch seine Probleme am besten selbst lösen kann.

# Teil zwei

# Von der Idee zur Handlung:

# Anleitungen und Projekte

# 1.
# *Tagebuch führen*

Ein Tagebuch ist ein ausgezeichnetes Mittel, mehr über die Menschen Ihrer Umgebung zu erfahren, vor allem aber über die Hauptperson: Sie selbst. Ein Tagebuch bietet die Möglichkeit, ohne Gegenwart eines Zuhörers eine Sache »durchzudiskutieren«. Man kann Dinge für sich selbst durchdenken, bewerten und auf diese Weise auch so manches Problem lösen.

Ein Tagebuch zu führen, ist so, wie wir das in diesem Buch vorschlagen, ein informeller Akt: ein je nach Bedarf aufzufüllender Bericht über Gefühle, Reaktionen, Beobachtungen und Ideen, um ihnen wachsenden Raum außerhalb des eigenen Kopfes zu geben: »Ich frage mich, ob ... Ich habe bemerkt, daß ... Ich empfinde ... Plötzlich fiel mir auf ...« Eine solche Suche nach Wahrheit oder größerem Verständnis sollte ohne Analyse oder Zensur geschehen; ohne Druck, eine Lösung oder Interpretation zu finden. Statt dessen sollte ein Tagebuch den eigenen Bewußtseinsstrom repräsentieren. Da Wahrheit nichts Statisches ist, tauchen neue Bedeutungen und Hinweise immer wieder auf, wenn wir diesen inneren Dialog zwischen unserem bewußten und unbewußten Selbst in Gang halten.

Obwohl es sich lohnt, beim Tagebuchschreiben eine gewisse Regelmäßigkeit einzuhalten, sollte sich dieser Prozeß nicht verselbständigen. Eintragungen sollten dann gemacht werden, wenn »uns danach ist« – wenn uns etwas besonders betrifft und betroffen macht, wenn wir frustriert oder neugierig sind, wenn wir Augenblicke neuer Einsicht oder vollständiger Verwirrung erleben, wenn wir ein Ereignis oder Erlebnis aus offensichtlichen oder uns selbst unverständlichen Gründen im Gedächtnis behalten wollen. Absicht des Tagebuchschreibens ist, zu bewerten, nicht zu analysieren und auf keinen Fall zu urteilen, da alles, was wir denken und fühlen, wertvoll, nützlich und bedeutend ist, weil wir auf diese Weise uns selbst und unsere Umgebung besser kennenlernen. Ein Tagebuch kann man benutzen, um einen inneren Dialog zu führen, um Verhaltensmuster und Fortschritte festzuhalten, um Bedürfnisse und Ziele zu klären und festzulegen.

Man erleichtert sich damit auch die gesprochene Kommunikation. Ein Tagebuch kann ein Praxisfeld sein für Gespräche mit Menschen, die wir uns – aufgrund von Angst, Verletztheit, räumlicher Trennung oder aus anderen Gründen – nicht trauen, persönlich anzusprechen. Indem wir die möglichen Antworten dieser anderen Person (so, wie wir glauben, daß sie antworten würde) gleich mitliefern, bekommen wir Informationen darüber, welche Rolle wir dieser Person und uns selbst in der Interaktion zuschreiben. Möglicherweise zeigt uns ein solcher Dialog auch, auf welche Weise wir gern handeln würden, und gibt uns Hinweise darauf, wie wir ein solches Ziel erreichen können.

In Arbeitsgruppen hilft es oft, zwischen den einzelnen Sitzungen Tagebuch zu führen, weil es die dort ablaufenden Prozesse noch in Gang hält, auch wenn die Gruppe nicht mehr zusammen ist. Man kann sich dann überlegen, ob die Gruppe bestimmte Zeiten dafür reserviert, daß einzelne Mitglieder, die Lust dazu haben, Passagen aus ihrem Tagebuch vorlesen. Dieses Vorlesen ist ein nächster Schritt für den Tagebuchschreiber, um herauszufinden, ob die Idee, die er im Tagebuch geäußert hat, ihm wirklich gefällt; an der Reaktion der Zuhörer kann er ablesen, ob es sinnvolle Ergänzungen zu seiner Idee gibt oder welche neuen Gedanken und Gefühle noch eine Rolle spielen könnten.

# 2.
# Gruppen-Prozesse

Wenn eine Gruppe sich zusammenfindet – auf gleicher Ebene, ohne Hierarchien zu bilden – und das Ziel darin besteht, sich gegenseitig zu unterstützen, ist ein Prozeß der Bestätigung unerläßlich: Auf diese Weise wird jedes Mitglied der Gruppe darauf verpflichtet, jedes andere zu ermutigen und zu bestärken, seine eigenen Fähigkeiten und sein Selbstwertgefühl zu entwickeln und sich in die Verantwortung für die Richtung und den Verlauf der Gruppe zu teilen; und schließlich sicherzugehen, daß die Grundregeln und Beschlüsse von der ganzen Gruppe getragen werden. Die folgenden Richtlinien für Gruppenprozesse sind speziell für Gruppen gedacht, deren Teilnehmer das Ziel haben, sich gegenseitig zu unterstützen.

## Gruppen-Leitung

**Die Rolle des Gruppenleiters**
Die Gruppenleiter sind teilnehmende Beobachter, die der Gruppe helfen, das zu tun, was sie tun will. Sie stellen einen Tagesplan auf, besprechen ihn mit der Gruppe, ändern ihn eventuell nach den Wünschen der Gruppe und führen sie durch die geplanten Aktivitäten. Während die anderen Teilnehmer sich auf die Prozesse in der Gruppe selbst konzentrieren (Gespräche, Tagebuch schreiben, Brainstorming usw.), machen die Gruppenleiter zwar alles mit, denken aber gleichzeitig über die Dynamik in der Gruppe nach (»Können wir diese Diskussion, wie geplant, in fünf Minuten beenden, oder sollten wir uns jetzt darauf verständigen, noch weitere Zeit dafür zu veranschlagen?«) Solche Dinge

zu koordinieren, kann man lernen, vorausgesetzt, es gibt gute Vorbilder, genaue Informationen und entsprechende Möglichkeiten zum Ausprobieren. Die Gruppenleiter sind der Gruppe gegenüber verantwortlich, schließlich wurden sie ja dafür auserkoren, deren Absichten auszuführen. Sie treffen keine Entscheidungen *für* die Gruppe. Sie bereiten Tagebücher, Aktivitäten und Pläne vor, aber nur als Vorschläge: Die Gruppe muß jeden Plan, jede Veränderung billigen. Ein Gruppenleiter muß flexibel genug sein, auch den ausgeklügelsten Plan fallenzulassen, wenn die Gruppe sich anders entscheidet. Außerdem erwartet man von ihm nicht, selbst ein Experte zu sein, und es ist auch nicht nötig, daß er sich in allen Themen, die die Gruppe behandelt, besonders gut auskennt. Er ist keine Autorität, kein Aufpasser und kein Erretter, der die Gruppenmitglieder von ihrer Mühsal erlöst.

Ein anderer Bestandteil der Rolle des Gruppenleiters ist es, mit »Lehrlingen« oder Mitarbeitern zusammenzuarbeiten. Zwei Gruppenleiter sind immer besser als einer, sie können den Zwang, alles im Auge behalten zu müssen, besser miteinander teilen. Indem sie sich bei verschiedenen Gruppenaktivitäten in ihrer Aufgabe ablösen, kann sich jeder einmal innerlich auf seinen »Einsatz« vorbereiten, sie können sich gegenseitig unterstützen und auf die Stimmung in der Gruppe achten. Am Ende einer Gruppenaktivität können sie sich gegenseitig über ihre Wahrnehmungen und Beobachtungen austauschen.

Es kann sein, daß ein Gruppenleiter ein Thema anschneiden möchte, das ihn selbst betrifft. Dabei gilt aber immer: Die Bedürfnisse der Gruppe haben Vorrang. Und so muß der Gruppenleiter sein Thema vielleicht eine Weile zurückstellen. Das gleiche gilt, wenn ein anderes Mitglied der Gruppe einen Vorschlag macht: Der Gruppenleiter muß sicherstellen, daß dessen Bedürfnis nicht das der Gruppe majorisiert. Es ist ja tatsächlich so, daß die Gruppe mehr als die Summe ihrer Mitglieder ist, und so kann es sein, daß sie sich verschieden von dem entwickelt, was jeder einzelne Teilnehmer beabsichtigt hat.

Selbstverständlich ist jede Gruppe anders, und jeder Gruppenleiter hat seinen eigenen Stil. Dennoch sollte sich jeder Gruppenleiter so verhalten, daß ein positives, fürsorgliches, offenes, ermutigendes und nicht zu ernstes Klima entsteht. Jeder Anwesende sollte sich persönlich weiterentwickeln, Unterstützung und eigene Antworten finden und der Gruppe viel geben können. Ohne eine Spur von Sarkasmus oder Abwertung kann es durchaus eine gewisse Leichtigkeit und Humor in der Gruppe geben.

Um das positive Klima und die sichere Atmosphäre in der Gruppe aufrechtzuerhalten, empfiehlt es sich, über verschiedene Grundregeln das Einverständnis der Gruppe einzuholen. Über einige der Regeln kann verhandelt werden, über andere nicht. Die wichtigsten Regeln sind:

- Jeder hat das Recht, nein zu sagen. Wer sich dafür entscheidet, an einer Aktivität oder Diskussion nicht teilzunehmen, kann das jederzeit tun. Das wird nicht als negatives Urteil über die Aktivität, die Gruppe, den Leiter aufgefaßt, sondern als Versicherung des eigenen Rechts, dann zurückzutreten, wenn es richtig erscheint.
- Es gibt keine falschen Antworten. Die Ansichten der Teilnehmer sollten so respektiert werden, wie sie ausgedrückt werden, ohne Herausforderung, Urteil, Gegenrede oder Fangfragen (Verständnisfragen sind erlaubt, nicht aber quälende »Verhöre«).
- Man konzentriert sich auf das Positive bei den Teilnehmern und bestätigt es. Die einzigen nicht willkommenen Kommentare sind herabsetzende Bemerkungen.

Außerdem kann eine Gruppe sich eigene Grundregeln schaffen und dabei etwa folgende Fragen beantworten:

- Sind Besucher willkommen?
- Sind neue Mitglieder willkommen?

Eine Gruppe kann auch besondere Bedürfnisse haben, die nach neuen Grundregeln verlangen.

- Bei einer Diskussion spricht niemand ein zweites Mal, bevor nicht alle das erste Mal etwas gesagt haben.

**Gruppenleitung als Prozeß**

Der erste Schritt besteht darin, versuchsweise einen zeitlich abgestimmten Tagesplan aufzustellen. Er wird der Gruppe vorgelegt und tritt erst dann in Kraft, wenn er verabschiedet wurde; für jede Aktivität wird eine bestimmte Zeit veranschlagt, damit

- der Tagesplan erfüllt werden kann;
- die Gruppe sich nicht an einer Nebensache »festbeißt«, ohne je zur Hauptsache zu kommen;
- das Treffen zum erwarteten Zeitpunkt beendet werden kann;
- verschiedene Themen die angemessene Zeit zur Bearbeitung bekommen;
- Aktivitäten, für die eigentlich nur wenig Zeit benötigt wird, wie ein Brainstorming oder die Aufteilung in Kleingruppen, auch schnell ablaufen können;
- die Gruppe sich für die zur Verfügung stehende gemeinsame Zeit verantwortlich fühlt.

Es ist wichtig, daß die Gruppe ungefähr weiß, wieviel Zeit für jede Aktivität veranschlagt ist und mit dem Zeitplan einverstanden ist. Wenn sich herausstellt, daß die Diskussion zu einem Thema mehr Zeit als vorgesehen beanspruchen wird, befragt der Leiter die Gruppe, was sie will:

»Wir haben jetzt nur noch fünf Minuten für unsere Diskussion zum Thema Fernsehen. Ich merke aber, daß einige noch eine ganze Menge dazu zu sagen haben. Sollten wir in fünf Minuten abbrechen, oder wollt ihr noch eine Viertelstunde weitermachen? Wenn wir noch fünfzehn Minuten länger machen, sollen wir dann die Buchbesprechung weglassen oder eine Viertelstunde später aufhören?«

Werden die Gruppenmitglieder in eine solche Entscheidung mit einbezogen, fällt es ihnen leichter, nicht ärgerlich darüber zu sein, daß das Treffen eine Viertelstunde später aufhört als geplant oder umgekehrt, daß sie nicht die Gelegenheit hatten, zu einem Thema ihre Meinung zu sagen.

Ein weiterer Punkt, den Gruppenleiter beachten sollten, ist, daß genug Zeit da ist, sowohl in Kleingruppen als auch im »Plenum« zu arbeiten. In einer Kleingruppe fühlen sich viele sicherer, Ideen zu entwickeln und Gefühle herauszulassen. In der Großgruppe können alle zusammentragen, was in den Kleingruppen erarbeitet wurde, erfahren, was die anderen gedacht und gemacht haben und ein Gemeinschaftsgefühl in der Gruppe bekommen. Je größer die gesamte Gruppe ist, desto notwendiger ist die Bildung von Kleingruppen, damit jeder gehört werden kann.

Hier ein Beispiel für einen möglichen Tagesplan zum Thema: »Fernsehen und Familie«:

## *Tagesplan*

| | | |
|---|---|---|
| 1. | »Was gibt's Neues?« | 5 Minuten |
| 2. | Tagesplan besprechen | 5 Minuten |
| 3. | Aufteilung der Paare: »Was ich am Fernsehen besonders mag« | jeder 2 Minuten |
| 4. | Jeder für sich: Artikel lesen über die Auswirkungen des Fernsehens auf Kinder | 10 Minuten |
| 5. | Artikel zusammenfassen und besprechen (Plenum) | 15 Minuten |
| 6. | Kurze Unterbrechung: »Singen und Setzen« | 3 Minuten |
| 7. | Diskussion: »Wie das Fernsehen unser Familienleben beeinflußt« | 15 Minuten |
| 8. | Brainstorming: »Ich wünsche mir ...« – persönliche Bemerkungen über das Fernsehen | 5 Minuten |
| 9. | Ankündigungen | 5 Minuten |
| 10. | Auswirkungen des Treffens | 5 Minuten |
| 11. | Schluß: Jeder Teilnehmer nennt ein »Fernseh-Ziel« für diese Woche | 5 Minuten |

Bei jedem Treffen sollte als erstes auf dem Tagesplan eine kurze »Aufwärmphase« stehen. Dafür gibt es verschiedene Gründe:

- jedem Anwesenden wird, wenn auch kurz, einmal besondere Aufmerksamkeit geschenkt;
- jedem wird die Möglichkeit gegeben, seine Aufmerksamkeit von dem Chaos, das er hinter sich gelassen hat, abzuwenden (weinende Kinder, als er das Haus verließ, Stapel von zu korrigierenden Klassenarbeiten, die Autopanne auf dem Weg) und sich auf das »Hier und Jetzt« der Gruppe einzustimmen;
- es wird ein positives Klima geschaffen;
- es wird anerkannt, daß jede Person in die Gruppe ihre einzigartigen Erfahrungen, Gefühle und Themen einbringt;
- alle bekommen die Gelegenheit zu erzählen, was ihnen so sehr im Kopf herumgeht, da es ohnehin früher oder später im Gruppenprozeß zutage treten wird.

Ein solches kurzes »Blitzlicht« am Anfang der Gruppe sollte sich auf positive Dinge konzentrieren. Manchen wird das schwerfallen. Der Gruppenleiter sollte sie dann ermutigen, aber nicht drängen – sie haben das Recht, nichts zu sagen. Die am meisten verbreitete Eingangssituation nennt sich »Was gibt's Neues?« Jeder Teilnehmer erzählt kurz etwas Aufregendes, was ihm im Leben oder am heutigen Tag passiert ist. Wenn die Teilnehmer diese Übung noch nicht kennen, kann z.B. die Gruppenleiterin anfangen, indem sie sagt: »Ich habe mich heute sehr gefreut, als ich zwei Briefe von meinen besten Freundinnen in der Post fand.« Für diese Übung gibt es zahlreiche Variationen, z.B. daß jeder erzählt, was es heute morgen bei ihm oder ihr zum Frühstück gab, oder welche Anzeichen es dafür gibt, daß es bald Frühling wird.

Manchmal ist es auch sinnvoll, negative, nicht nur positive Dinge zu berichten. Auch darauf sollte der Gruppenleiter eingehen. Wenn jemand auf dem Weg zum Treffen z.B.

um Haaresbreite einem Autounfall entgangen ist, muß er das erzählen; dennoch: das Ziel dieser Eingangsübung ist es, die Teilnehmer darauf einzustimmen, klar und positiv zu denken. Wenn sich alle zum ersten Mal sehen oder ein neues Mitglied hinzugekommen ist, wird man an den Anfang auch eine Phase des Kennenlernens setzen. Kommt ein Teilnehmer völlig außer Atem zu spät in die Gruppe, sollte der Gruppenleiter die nächste kurze Pause dazu benutzen, ihn zu fragen, ob er auch etwas »Neues« zu berichten habe. Das gibt dem Zuspätkommenden das Gefühl, in die Gruppe einbezogen zu werden und hilft ihm, sich auf die Gegenwart zu konzentrieren.

Ein anderes frühes Thema im Tagesablauf ist die Besprechung des Tagesplanes. Da die Aufgabe des Gruppenleiters darin besteht, der Gruppe bei der Entscheidungsfindung zu helfen und auszuführen, was sie ihm aufträgt, ist es wichtig, möglichst früh eine Rückmeldung über den aufgestellten Tagesplan zu bekommen, damit allen klar ist, daß dieser Plan wirklich den Bedürfnissen der ganzen Gruppe entspricht. Am besten wird der Tagesplan auf eine Wandzeitung geschrieben, damit jeder ihn sehen kann und sämtliche Veränderungen für alle sichtbar nachgetragen werden können. Sollten im Laufe des Tages Abweichungen auftreten, erinnert der Gruppenleiter an den vereinbarten Tagesplan und bittet die Teilnehmer, sich darüber klar zu werden, ob sie den Tagesplan einhalten oder ihn abändern wollen.

Bei der Planung des Hauptteils – zwischen Abstimmung über den Tagesplan und Ankündigungen, Auswertung und Schluß – können die Gruppenleiter eine Vielzahl von Aktivitäten einbeziehen. Sie müssen sich nur bemühen, ihre Vorschläge in eine sinnvolle Reihenfolge zu bringen. Es ist erfahrungsgemäß den Teilnehmern lieber, mit einem leichten, unverfänglichen Thema anzufangen und dann zu komplizierten, »heißeren« Themen überzugehen, als umgekehrt. Auch empfiehlt es sich, für schwierige Themen zunächst eine Paarsituation oder eine Kleingruppe vorzusehen, bevor im Plenum darüber diskutiert wird. Regt sich gegen bestimmte Themen hartnäckiger Widerstand, müssen die Gruppenleiter weniger bedrohliche Themen vorschlagen. Zweck des Gruppentreffens ist es nicht, jemanden, der sich sträubt, zu überreden oder zu zwingen, sondern jedem Teilnehmer sein eigenes Lerntempo und die Bestimmung seiner eigenen Inhalte zu ermöglichen.

Ganz allgemein gilt: Der Gruppenleiter sollte darauf achten, daß jeweils positiv und kreativ an ein Thema herangegangen wird. So könnte eine Fragestellung zum Thema »Zorn« zwar lauten: »Als ich einmal wütend auf mein Kind war«, besser aber wäre eine positive Themenstellung, etwa »Wie es mir einmal gelang, gut mit meinem Ärger umzugehen«. Eine andere Möglichkeit wäre, um bei diesem Beispiel zu bleiben, ein Brainstorming durchzuführen mit lustigen oder unsinnigen Vorschlägen, wie mit Ärger umzugehen sei: »Steaks klopfen; sinnlose Worte herausschreien; in ein Stück Holz beißen; alle Staubtücher ausschütteln, ob sie nun schmutzig sind oder nicht usw.« Statt z.B. die Gruppe in eine hoffnungslose, verzweifelte Stimmung zu bringen, setzt eine positive Themenstellung neue Energien frei, um die auftauchenden negativen zu überwinden. Wenn ein Thema einem Teilnehmer regelrecht auf den Nägeln brennt, sollte die Gruppe ihm besondere Zeit einräumen, ihm aufmerksam zuhören und, falls das angemessen erscheint, in einen gemeinsamen Problemlöseprozeß eintreten (allerdings nur dann spontan und sofort, wenn es sich um ein ganz dringendes Problem handelt, sonst an einem besonderen Termin, falls die Gruppe sich darauf einigen kann).

Körperliche und emotionale Höhen und Tiefen sollten die Gruppenleiter in ihre Planung ebenfalls miteinbeziehen. Ein »Energieabfall« tritt häufig auf, wenn eine Zeitlang an einem Thema hart gearbeitet wurde oder die Teilnehmer lange gesessen haben. Eine Methode, dann wieder

Energie »aufzuladen«, ist, dafür zu sorgen, daß keine Tätigkeit sehr lange dauert. So kann sich die Gruppe einem Thema in Form von ständig wechselnden Aktivitäten zuwenden. Phantasievorstellungen, Gruppendiskussionen und Vorlesen aus dem Tagebuch sind schon drei verschiedene geistige und körperliche Tätigkeiten.

Eine andere Methode ist es, das Thema mit einer Aktivität wie Singen, Spielen oder Gymnastik zu unterbrechen. Das wird im besten Fall das Energieniveau wieder anheben, das Blut wieder zirkulieren lassen, eingeschlafene Muskeln wieder aufwecken und ein befreiendes Gelächter bewirken, ohne andererseits die Gruppe für längere Zeit auseinanderzubringen. Die gute alte »Pause« bietet sich zwar als besonders einfaches Mittel an, hat aber den Nachteil, daß jeder nur mit sich selbst beschäftigt ist, alles dem Zufall überlassen bleibt – ob jemand sich bewegt z.B. – und es in der Regel zu lange dauert, bis alle wieder weitermachen können. Gruppendynamische Spiele sind bei einigen Erwachsenen beliebt und in Mehrgenerationen-Workshops auch leichter anzuwenden, weil man sich dort »um der Kinder Willen« zu den Spielen bereiterklärt. In Erwachsenengruppen dagegen wirkt ein Vorschlag nach einem Gruppenspiel oft peinlich und unangemessen. Dann sollte man für körperliche Bewegung und Erfrischungsgetränke sorgen, den Raum wechseln, ein gemeinsames Bild malen oder eine Postkarte an ein abwesendes Gruppenmitglied schreiben, um nur einige Möglichkeiten zu nennen. Die Gruppenleiter können, wenn sie merken, daß sich in der Gruppe Erschöpfungstendenzen zeigen, jederzeit solche Pausen vorschlagen, auch wenn damit der Tagesplan unterbrochen wird. Meist sind die Gruppenteilnehmer für eine solche Intervention dankbar.

Als Einstieg in das Tagesthema kann es manchmal sinnvoll sein, etwa kurz ein Buch vorzustellen oder eine Theorie darzulegen, die sich mit dem Thema beschäftigt. Der Gruppenleiter sollte dafür sorgen, daß dies klar und undogmatisch geschieht und die Zeitbegrenzung eingehalten wird, damit jeder die Gelegenheit hat, an der Diskussion teilzunehmen.

Es gibt bestimmte Techniken, die ein Gruppenleiter anwenden kann, um die Beschäftigung mit einem Thema einzuleiten oder aufrechtzuerhalten:

*Brainstorming:* So schnell wie möglich rufen die Gruppenmitglieder Gedanken und Ideen aus (auch bizarre oder weit hergeholte), die etwas zum Thema beitragen können, und jemand notiert sie auf einer Wandzeitung. Dauer: nicht mehr als fünf Minuten. Keine Kommentare.

*Prioritäten setzen:* vor allem wichtig bei der Aufstellung des Tagesplanes. Der Gruppenleiter hilft der Gruppe, sich zu entscheiden, welche Themen zuerst behandelt werden sollen, welche als zweites und so weiter. Falls Unklarheiten über die Prioritäten bestehen, kann man eine Probeabstimmung durchführen, aber wichtige Entscheidungen sollten grundsätzlich als Konsens gefällt werden.

*Probe-Zeit:* Nachdem die nun folgende Aktivität erklärt wurde, gibt der Gruppenleiter jedem Teilnehmer zwei Minuten Zeit, sich innerlich auf das Thema vorzubereiten.

*Nachdenken und zuhören:* Nachdem alle ein paar Minuten über das Thema nachgedacht haben, hat jeder die Gelegenheit, seine Gedanken zu äußern, ohne daß andere ihren Kommentar dazu abgeben. Man sollte eine Zeitbegrenzung festlegen, etwa zwei Minuten pro Wortmeldung, und darauf achten, daß sie eingehalten wird. Diese Übung ermöglicht, sich von festgefahrenen Argumentationen loszulösen, und ermuntert den Gedankenaustausch über neue Ideen und unkonventionelle Lösungsansätze.

*Aufmerksam zuhören:* Jeder hört sorgfältig zu, ohne zu unterbrechen, wenn ein Teilnehmer etwas erzählt; erscheint das Gesagte kompliziert oder unklar, kann der Gruppenleiter zusammenfassen, was er verstanden hat und dabei seine Wahrnehmung überprüfen. Man kann sich darauf einigen, daß in einem solchen Fall nur *Verständnisfragen* erlaubt sind (»Willst du damit sagen, daß ...?« oder »Wenn ich dich richtig verstanden habe, bedeutet das ...?«).

*Diskussion:* Beim Meinungs- und Gedankenaustausch in der Gruppe achtet der Gruppenleiter darauf, daß die Zeit eingehalten wird, alle beim Thema bleiben und jedem die Gelegenheit gegeben wird, dazu Stellung zu nehmen. Gibt es Wortführer in der Gruppe, sollte die Grundregel eingeführt werden, daß jeder erst dann ein zweites Mal etwas zum Thema sagen darf, wenn alle, die dies wünschen, einmal das Wort hatten.

*Unerledigtes:* Nach einer gewissen Zeit der Diskussion sind oft nur noch zwei oder drei Teilnehmer am Thema interessiert. In einem solchen Fall schlägt der Gruppenleiter vor, daß die interessierten Teilnehmer diese Diskussion zu einem anderen Zeitpunkt fortsetzen könnten, da es sich hier um ein »unerledigtes Thema« handle. Diese Bitte beugt einer Gruppenermüdung vor und erfüllt doch die Bedürfnisse aller.

*Konsens:* Muß in der Gruppe eine Entscheidung getroffen werden, ist es wichtig, daß jeder ihr zustimmt. Wenn kein Konsens erzielt werden kann, wird die Entscheidung auf einen späteren Zeitpunkt vertagt. Manchmal kann nur dadurch eine Übereinkunft erzielt werden, daß eines oder zwei Mitglieder nachgeben. Dann soll aber sichergestellt werden, daß sie es freiwillig tun. Der Gruppenleiter versucht, die Stimmung in der Gruppe zu erfassen und, falls nötig, anzusprechen: »Ich habe das Gefühl, daß sich jeder hier wohler fühlen würde, wenn wir die Grundregel vereinbaren, daß während des Treffens in diesem Raum nicht geraucht wird. Habe ich das richtig verstanden?« Wenn einmal die Hauptarbeit des Treffens getan ist, bleibt Zeit für Ankündigungen, die Auswertung und eine Abschlußaktivität.

Zu den *Ankündigungen* zählen organisatorische Dinge

wie: Wann trifft sich die Gruppe das nächste Mal? Wer ist für die Getränke verantwortlich? Wer bereitet das nächste Treffen inhaltlich vor?

Die *Auswertung* ist ein wichtiger Bestandteil jedes Treffens. Für die Teilnehmer ist es die Gelegenheit, noch einmal darüber nachzudenken, wie sie die Gruppe wahrnehmen; den Gruppenleitern hilft es, wenn sie gesagt bekommen, was gut funktioniert hat und was geändert werden sollte. Ein großes Blatt Papier wird durch einen Längsstrich in zwei Hälften geteilt. Links steht ein Pluszeichen, rechts ein nach oben weisender Pfeil; die beiden Zeichen stehen für: »Was war gut?« und »Was sollte geändert werden?« Es ist sinnvoll, mit dem Positiven anzufangen, weil sonst das Kritisieren leicht zur Gewohnheit wird und entmutigend wirken kann. In einem Brainstorming wird zusammengetragen, was jedem Teilnehmer zu den beiden Themen einfällt. Bei den Veränderungen sollten die Teilnehmer hinzusetzen, wie sie sich vorstellen, daß die Veränderung erreicht werden kann. Die ganze Auswertung sollte kurz und knapp gehalten werden, nicht länger als fünf Minuten.

Statt nach der Auswertung auseinanderzugehen, werden in der *Schlußrunde* noch einmal alle Teilnehmer in einer gemeinsamen Aktivität vereint. Die letzen Minuten damit zuzubringen, noch einmal über sich gegenseitig nachzudenken statt über ein Thema, ist eine Bestätigung für alle Beteiligten. Das ist auch ein definitiver und positiver Schlußpunkt für das Treffen. Entweder führt die Gruppe ein Gespräch unter dem Titel:

- Etwas, auf das du dich freust.
- Was du am liebsten machst, wenn es draußen schneit.
- Ein besonderer Begriff, der dir bei unserem heutigen Treffen aufgefallen ist.

Oder man wählt eine kurze gruppendynamische Übung, etwa daß alle sich bei der Hand nehmen, sehr dicht zusammenkommen und dann leise, immer lauter werdend die Arme heben und dabei ein lautes Summen (etwa »UmmmAahh!«) von sich geben. Oder man singt noch ein Lied zusammen. Für manche Gruppen, in denen eine fröhliche, lockere Atmosphäre herrscht, ist der beliebteste Abschluß, daß sich die ganze Gruppe gegenseitig umarmt.

**Der Gruppenleiter als Vermittler**

In Gruppen tauchen unvermeidlich bestimmte Probleme auf, genau wie in einer Familie. Wenn sich Menschen über ihre Wertvorstellungen – vor allem, was die Kinder angeht – unterhalten, wenn sie außer zu reden auch Beziehungen zueinander knüpfen, bei anderen Antworten auf ihre Fragen suchen und über entscheidende Lebensveränderungen sprechen möchten – dann entstehen oft Konflikte. Eine Gruppe, in der alles glatt läuft, ist fast schon suspekt. Ein Konflikt, erinnern wir uns mit zusammengebissenen Zähnen, ist nichts, was man unbedingt vermeiden sollte. Wird er offen behandelt, ist er sogar ausgesprochen heilsam. Die Gruppenleiter können vermeiden, daß sich die Konflikte negativ auswirken, indem sie sorgfältig planen, Grundregeln streng einhalten und sensibel, direkt und positiv vorgehen.

Ein Konflikt, der häufig bei neuen Gruppenmitgliedern auftritt, ist der , daß sie nicht die Antworten bekommen, nach denen sie so verzweifelt suchen. Sie stellen direkte Fragen und wollen direkte Ratschläge: »Was also *soll* ich jetzt machen, wenn ich mein Kind nicht bestrafen soll?« »Soll ich meinem Kind nun Süßigkeiten kaufen oder nicht?« Die Antwort – es gibt keine »richtige« Antwort, jeder kann am besten selbst die Lösung für sein Problem finden – frustriert sie. Mir erging es genauso, als ich das erste Mal eine solche Gruppenarbeit mitgemacht habe. Nach dem ersten Abend war ich so unzufrieden, daß ich die Gruppenleiterin hinterher um ein Gespräch unter vier Augen bat. Wir gingen in die leere Küche des Bildungszentrums, und ich sagte: »Sieh mal, das war ja alles ganz nett, aber ich habe ein 18 Monate altes Kind zuhause, bin schwanger und muß einfach wissen: Darf ich mein Kind schlagen oder darf ich es nicht schlagen?« Sie sagte mir all die Dinge, von denen ich jetzt weiß, daß sie richtig sind: daß es darauf ankommt, welche positiven Erlebnisse ich mit meinem Kind habe. Ich dankte ihr höflich, aber mir war klar, daß ich immer noch keine Antwort bekommen hatte. Solch ein Gefühl, dringend eine Antwort finden zu müssen, kann einen Teilnehmer daran hindern, der Gruppe seine Aufmerksamkeit zu schenken. Es kann sich auch auf das gesamte Gruppengeschehen negativ auswirken. Die Gruppenleiter müssen versuchen, das als dringend empfundene Bedürfnis anzusprechen, ohne die Bedürfnisse der ganzen Gruppe zu opfern.

Wie kann der Gruppenleiter auf eine drängende Frage eines Gruppenmitglieds antworten? Hier sind einige Möglichkeiten:

- Erkläre ihm, daß erst ein Gemeinschaftssinn innerhalb der Gruppe entstehen und er selbst seine eigene Kindheit verstehen muß, bevor sich diese Frage beantworten läßt.
- Ermutige ihn: »Deine Frage ist so wichtig, daß wir ihr einen besonderen Stellenwert einräumen sollten. Laß uns ein Treffen planen, bei dem wir ausführlich auf diesen Punkt eingehen können.
- Fahre fort: »Aber in der Zwischenzeit hätte ich gern, daß du darüber nachforschst (oder nachdenkst) und dir dadurch neue Antwortmöglichkeiten eröffnest.«
- Weise ihm eine besondere Aufgabe zu, etwa eine Lesung über das Thema zu veranstalten, das ihn so beschäftigt, wobei er in der anschließenden Diskussion einige Anstöße bekommen kann.
- Fordere ihn auf, eine Passage in seinem Tagebuch der drängenden Frage zu widmen. Beim nächsten Mal kann er daraus vorlesen, ohne daß die Gruppe kommentiert oder ihm fertige Antworten gibt. Das würde ihm die Ge-

legenheit geben, seinen Standpunkt darzulegen, ohne sich verteidigen zu müssen.

- Gib' allen Gruppenteilnehmern eine »merkwürdige Frage« mit nach Hause, z.B.: »Was hat das Thema, das dich im Moment am meisten beschäftigt, mit Bestätigung zu tun?« Beim nächsten Treffen hat dann jeder Teilnehmer drei bis fünf Minuten Zeit, seine Überlegungen darzulegen. Das Problem unter dem Blickwinkel zu betrachten, kann neue Perspektiven eröffnen.
- Räume bei jedem Treffen für einen beliebigen Teilnehmer eine Zeit von fünf bis zehn Minuten ein, in der er ein besonderes Problem darstellen und andeuten kann, ob er nach einer Antwort sucht. Wenn er von der Gruppe Vorschläge haben will, kannst du ihm raten, sich diese einfach anzuhören, ohne etwas zu sagen. Jemand anderes schreibt die Vorschläge vielleicht auf. Entscheidet sich der Teilnehmer dazu, auf die Vorschläge einzugehen, könnte er das in Form eines »Ziel-Wunsches» tun: »Die interessantesten Ideen, finde ich, sind ... und ... Meine Zweifel gehen aber dahin, daß ...«

Es gibt noch eine Reihe von anderen Problemen, mit denen Gruppen häufig zu tun haben. Wenn man nicht aufpaßt, entsteht leicht ein klagendes oder mitleidsvolles Klima, oder man verfällt der neuesten gruppendynamischen Mode. Andererseits besteht die Gefahr, daß nur theoretisiert wird. In manchen Gruppen verhalten sich die Teilnehmer passiv oder überlassen es einigen Wortführern oder den Gruppenleitern, für sie zu denken oder zu reden. Manche Gruppen gehen »auf Nummer Sicher« und sprechen Themen, die ihnen unbehaglich sind, gar nicht erst an, weil sie sich mit den altbekannten Themen so wohl fühlen. Es kann sein, daß die Gruppe von Mal zu Mal kleiner wird, weil sich einige Teilnehmer gegenseitig bekriegen, andere die Lust verlieren oder wieder andere sich zu einem »harten Kern« zusammenschließen. Glücklicherweise gibt es einige gute Mittel gegen diese Probleme:

- Gute Planung bewirkt, daß jeder Teilnehmer genügend Zeit hat, um an persönlichen Problemen zu arbeiten (durch Reden oder Tagebuch-Schreiben). Solche Unterstützung bewahrt das Treffen davor, ein intellektueller Debattier-Club zu werden.
- Klar ausgesprochene Erwartungen, denen alle Teilnehmer zustimmen.
- Grundregeln, die einer negativistischen oder mitleidsheischenden Einstellung entgegenwirken.
- Auswertungen, die es ermöglichen, aus Unzufriedenheiten zu lernen.
- Klare, direkte Fragen: »Helmut, fällt es dir bei Michaels Kommentaren schwer, zuzuhören?« »Marianne, du siehst frustriert aus. Hast du den Eindruck, daß man dich nicht verstanden hat?« »Möchte jemand, der bisher noch nichts gesagt hat, hierzu noch Stellung nehmen?«
- Positive Handlung, um, falls nötig, eine negative Situation umzukehren: »Ich denke, jetzt haben wir alle ein hoffnungsloses Gefühl. Wie können wir das positiv wenden?« »Fred, das muß ja eine schlimme Woche für dich gewesen sein. Aber hast du auch irgend etwas Schönes erlebt, von dem du uns erzählen könntest?« »In dem Punkt fühlen wir uns alle wie schlechte Eltern. Laßt uns ein paar Minuten darüber nachdenken, was wir in letzter Zeit als Eltern besonders gut gemacht haben.«

Die Aufgabe eines Gruppenleiters erscheint manchen wie ein Drahtseilakt. Vor allen Dingen braucht man ein besonderes Gefühl für ausgewogene Gruppenprozesse, um nicht in die üblichen gruppendynamischen Fallen zu geraten. Nachdem die Gruppe definiert hat, was sie machen will, sind die Gruppenleiter in gewisser Weise dafür verantwortlich, daß dieser Plan auch eingehalten wird. Doch je mehr die Gruppenmitglieder an Erfahrung gewinnen, je mehr sie sich ermutigt und bestätigt fühlen, desto mehr Verantwortung werden sie für das gesamte Gruppengeschehen mittragen können.

## Mehrgenerationen-Arbeitskreise

Die Mehrgenerationen-Arbeitskreise des Nonviolence and Children-Programms haben vier Hauptziele. Wie in unserer Arbeit insgesamt, ist es auch dort ein Ziel, Spaß zu haben und uns gegenseitig in unserer Lebensfreude zu bestärken. Zum zweiten zielen diese Treffen darauf ab, die Kommunikation zwischen Menschen verschiedener Altersgruppen zu entwickeln. Drittens werden Einsichten angestrebt über die Bedeutung von Alter und Lebenserfahrung jedes einzelnen Menschen. Und schließlich bieten solche Arbeitskreise die Möglichkeit, mehr Zutrauen zu sich selbst zu fassen und sich als kompetenter und fähiger in Beziehungen zwischen Angehörigen verschiedener Altersgruppen zu erleben.

Wie in einem Workshop schafft auch hier das Festlegen von Grundregeln eine sichere Atmosphäre. Alle Übungen und Aktivitäten werden mit dem Ziel geplant, einen Gemeinschaftssinn innerhalb der Gruppe entstehen zu lassen und zwischen den einzelnen Teilnehmern ein größeres Maß an Vertrauen zu ermöglichen. Gruppenspiele, Rollenspiele, Diskussionen, Musik, Kunst, Tanz – all diese Mittel werden eingesetzt, um die Teilnehmer intellektuell, körperlich und emotional anzuregen. Es werden bestimmte Zeiten festgesetzt, in denen über die individuellen Reaktionen auf diese Aktivitäten gesprochen wird. Erlebst du eine Überraschung, wenn du deine Erfahrungen mit jemandem austauschst, der dreimal so alt ist wie du?

Es gibt einige Besonderheiten für Mehrgenerationen-Workshops:

- Wenn irgend möglich, sollten an allen Planungen immer Angehörige der verschiedenen Altersgruppen beteiligt sein. Es ist immer sinnvoll, auf Fähigkeiten zurückzugreifen, die in der Gruppe vorhanden sind – ein Klavierspieler, eine Komponistin, ein Spiel, das junge Leute kennen und das sie der Gruppe beibringen können.

- Bestimmte Aktivitäten mit geringem Risiko, die in der Gruppe Vertrauen schaffen können, sollten das Klima am Anfang herstellen, selbst dann, wenn die Teilnehmer schon Gruppenerfahrung mitbringen.
- Das Tempo der Aktivitäten sollte variiert werden, um auf einen Aufmerksamkeits-Abfall und bestimmte Behinderungen eingehen zu können. Auf ein ruhiges Gespräch sollte ein Spiel oder eine körperliche Betätigung folgen. Biete manchmal verschiedene Aktivitäten an, damit sich die Teilnehmer diejenige aussuchen können, die ihnen am besten gefällt.
- Das Vertrauen in der Gruppe sollte schon ziemlich gefestigt sein, bevor irgendwelche von Kindern ausgedachte oder persönliche Risiken erfordernde Projekte in Angriff genommen werden.
- Nach den meisten Übungen sollte eine gewisse Zeit für Gespräche bereitgestellt werden, und man sollte auf Kommentare achten, die auf bestimmte Einsichten oder das Ausmaß an Vertrauen in der Gruppe schließen lassen. Solche Kommentare werden gesammelt und zu irgend einem Zeitpunkt in der Gruppe diskutiert.
- Der Tagesplan ist nicht zum Einrahmen da! Er verleiht einem Treffen Struktur, sollte aber immer noch flexibel genug sein, um auf die Bedürfnisse der Gruppe vor und während der Sitzung reagieren zu können.
- Einfache Methoden – Zeichnungen, Tabellen, Kollagen, Wandzeitungen – sollen die Gruppenerfahrungen protokollieren oder festhalten. Sie werden bei der Gruppe belassen oder den einzelnen zurückgegeben.

Die folgenden Aktivitäten haben sich in Mehrgenerationen-Workshops bewährt und sind in der Reihenfolge ihres »Risikos« oder der wahrscheinlichen Bereitschaft zur Teilnahme aufgelistet:

- kooperative Spiele;
- Gruppenaufgaben: Schatzsuche, Schnitzeljagd, gemeinsam etwas bauen;

- Gespräche zu zweit über gemeinsame Erlebnisse: »Der liebste Zeitvertreib, als ich fünf Jahre alt war.«
- Gespräche über Entdeckungen in der Natur oder über persönliche Schätze oder Geheimnisse, in kleinen oder der großen Gruppe;
- Zeichnungen oder Kollagen, Einzel- oder Gruppenarbeit;
- Gestaltung einer »Skulptur« aus den Gruppenmitgliedern, die gemeinsam ein Thema darstellen (ein Wald, ein Wasserfall usw.);
- Spiegelbild-Übungen mit Paaren unterschiedlicher Größe (siehe Seite 197);
- Rollenspiel, insbesondere mit vertauschten Rollen;
- eine ruhige Zeit zusammen verbringen: gemeinsam lesen, zusammen spazierengehen usw.;
- Vertrauensspaziergang (siehe Seite 195);
- von Kindern gelehrte Aktivitäten: Lieder, Spiele usw.;
- Bestätigungs-Übungen: Hand- und Körpersilhouetten (siehe Seiten 192, 193), Valentinsgeschenke (siehe Seite 190), ein Gruppenfest.

# 3.
# *Übungen und Techniken*

Nur zu oft betrachten wir eine Sache immer wieder aus dem gleichen Blickwinkel, ohne zu erkennen, daß wir sie dadurch nur verzerrt erkennen können. Die hier aufgeführten Übungen sind in der Absicht entwickelt worden, den Teilnehmern eine neue, überraschende Sichtweise zu ermöglichen. Jede Übung beinhaltet, sich selbst und andere zu bestätigen.

Die Absicht ist, sich um positive Elemente zu bemühen und auf ihnen aufzubauen. Man kann die Übungen sammeln und sie nach einiger Zeit noch einmal wiederholen oder überdenken, um eine Änderung in der eigenen Einstellung oder veränderte Verhaltensmöglichkeiten aufzuspüren und zu verstärken. In der Gruppe sollten die schriftlichen Übungen zuerst von jedem einzelnen bearbeitet und dann gemeinsam darüber gesprochen werden (in Paaren oder der Großgruppe); und zwar unter dem Schutz von Grundregeln, die klarstellen, daß es keine richtigen oder falschen Antworten gibt, nur verschiedene Sichtweisen.

Wo immer möglich, haben wir versucht, alle »ausgeliehenen« Übungen zu kennzeichnen und darzulegen, woher wir sie bekommen haben, aber aufgrund der starken gruppendynamischen Bewegung ist das bei einzelnen von ihnen nicht mehr so richtig nachvollziehbar, da sie wie Legenden oder Märchen mündlich weitergegeben, dabei verändert und verbessert werden. Allen ungenannten Autoren oder Informanten sei an dieser Stelle ganz herzlich gedankt.

## Bestätigung

**Valentinsgeschenke**

Unser Alltag würde viel freundlicher, wenn wir Feste und Gebräuche nicht nur für bestimmte Festtage reservieren würden. Der 14. Februar ist z.B. der Valentinstag. Doch die kleinen Aufmerksamkeiten, die man sich an diesem Tag schenkt, wären es wert, das ganze Jahr über verschenkt zu werden.

*Jeder für sich*

1. Denke an etwas an dir, dem du mehr Aufmerksamkeit schenken könntest. Schreibe dir ein Telegramm oder eine Glückwunschkarte: »Einfach Klasse, Thomas Müller! Du kannst putzen wie ein Profi!« Klebe den Zettel an die Kühlschranktür, damit du ihn immer siehst.
2. Wähle eine positive Eigenschaft von dir aus, die in diesen Tagen besonders gut zum Ausdruck kommt, schreibe sie in Großbuchstaben auf ein Stück Papier und klebe sie an den Spiegel, damit du dich eine Weile so sehen kannst, wie du zur Zeit bist: fröhlich, geduldig usw.
3. Für dein Tagebuch: Schreibe über eine Zeit, als du dir besonders gefallen hast; etwa als du eine schwierige Situation gemeistert hast. Auf welche besonderen Eigenschaften von dir konntest du dich da beziehen? Haben andere deine Leistung erkannt? Wie zeigten sie es dir? Welches Gefühl hast du heute, wenn du an dieses Ereignis zurückdenkst?

*In der Familie*

1. Schreibe einen kleinen Liebesbrief, ein Dankschreiben, ein paar ermutigende Worte an jemanden aus deiner Familie und klebe es auf dessen Handtasche, Kissen oder den Badezimmerspiegel.
2. Diskutiere mit den anderen über das Konzept der Bestätigung. Sprecht über Beispiele von Herabsetzungen

und Entmutigungen. Nehmt euch Material (Papier, Stifte, alte Zeitschriften, Scheren und Kleber) und veranstaltet ein Valentinsfest. Schreibt die Namen der einzelnen Familienmitglieder auf ein Stück Papier, faltet es, sammelt sie ein; dann zieht jeder einen Namen und bereitet demjenigen ein Geschenk, das besondere Interessen, Stärken, Erfolge und Eigenschaften des anderen zum Thema hat. Nach etwa 20 Minuten sollte das Geschenk fertig sein. Überreicht sie euch gegenseitig und erklärt, warum ihr denkt, daß jeweils dieses Geschenk speziell für diesen Menschen gedacht ist.

*In der Klasse*

1. Diskutiert über den Begriff der Bestätigung. Findet Beispiele für Herabsetzungen. Führt ein Brainstorming über Arten, euch selbst und andere zu bestätigen.
2. Jedes Kind erhält ein Blatt Papier, auf dem ein T-Shirt aufgemalt ist (besser noch: jedes Kind soll ein T-Shirt mitbringen, auf dem mit wasserlöslichen Farben gemalt werden kann). Jeder soll ein Motiv erfinden, das ihn selbst darstellt: etwas, auf das er stolz ist, für das er bekannt ist, von dem er träumt, es zu tun oder zu haben. Hängt die T-Shirts an die Wand. Ihr könnt sie auch anziehen und ein Lied darüber machen: »Warum ich mein T-Shirt liebe.«
3. Nehmt mehrere Briefumschläge, schreibt auf jeden den Namen eines Kindes und hängt die Umschläge ans Schwarze Brett. Diese Umschläge sind »Briefkästen für fröhliche Gedanken«. Wenn ein Kind an einem anderen etwas Besonderes bemerkt: einen Erfolg, etwas Schwieriges gelöst zu haben, sich besonders nett zu verhalten oder einfach so toll zu sein, wie er oder sie immer ist, dann soll es einen kleinen Brief darüber schreiben und ihn in den entsprechenden Umschlag stecken.
4. Wenn ein Kind wegen Krankheit ein paar Tage fehlt, kann jeder Klassenkamerad einen Satz auf ein Stück Pa-

pier schreiben, der einen Gruß, eine Aufmunterung, etwas Nettes über das Kind enthält. Sammelt die Grüße und schickt sie dem Kind als »Gute Besserung-Medizin« nach Hause.

5. Jedes Kind bekommt ein Tagebuch. Am Ende eines Schultages schreibt es kurz einen persönlichen Erfolg in das Tagebuch oder Sätze, die anfangen mit: »Ich bin stolz darauf, ...!«

*Im Arbeitskreis*

1. Jeder Teilnehmer wird gebeten, an die Person in der eigenen Familie zu denken, die von ihm am wenigsten Bestätigung bekommt. An diese Person schreibt er einen kurzen Brief, in dem er seine besondere Wertschätzung für sie zum Ausdruck bringt. Ein oder zwei Freiwillige werden gebeten, ihren Brief vorzulesen. Wenn es möglich ist, sollten die Briefe dann ihre Adressaten erreichen, andernfalls im Tagebuch aufbewahrt werden.
2. Veranstaltet ein Brainstorming darüber, warum man so selten »Valentinsgeschenke« macht (Weil es peinlich wäre? Aus Angst? Aus Gedankenlosigkeit?).
3. Eine Viertelstunde lang soll jedes Gruppenmitglied ein Valentinsgeschenk herstellen, das es für die Familie zu Hause mitnimmt.
4. Vor dem Ende des Treffens wird jeder Teilnehmer reihum gebeten, sich an die Person zu seiner Linken zu wenden und ihr ein verbales Valentinsgeschenk zu machen: »Claudia, etwas, was ich an dir besonders schätze/mag/nett finde/bewundere ...«

**Die Silhouette**

Das am deutlichsten zu bemerkende äußere Merkmal unserer individuellen Einzigartigkeit ist unsere körperliche Erscheinung. Silhouetten – Umrisse unseres Körpers, unserer Hände oder unseres Kopfes – sind ein persönlicher, unverwechselbarer Untergrund für schriftliche Bestätigung. Die Größe der Silhouette hängt davon ab, wieviel Zeit und Material zur Verfügung steht und wie groß die Gruppe ist. Welche Größe auch immer gewählt wird, es ist wichtig, daß für jedes Gruppenmitglied eine Silhouette erstellt wird. Bevor ihr in die Umrisse eure Anmerkungen schreibt, sprecht noch einmal über herabsetzende und bestätigende Worte. Diskutiert darüber, welche Rolle die Bestätigung für die persönliche Weiterentwicklung eines Menschen spielt. Findet Beispiele, wann jemand »fertig gemacht« und wann er »aufgemöbelt« wurde.

*Hand-Silhouette*
Jeder Teilnehmer zeichnet die Umrisse seiner Hand auf ein Blatt Papier und schreibt seinen Namen darauf. Die Gruppenmitglieder gehen von einem zum anderen und schreiben kurze bestätigende Bemerkungen auf jedes Blatt.

*Kopf-Silhouette*
Ein großes Stück Papier wird an die Wand oder Tafel gehängt. Eine helle Lichtquelle wird auf das Papier gerichtet. Eine Person stellt sich zwischen Licht und Papier, so daß ihr Schattenriß auf dem Papier erscheint und von jemandem nachgezeichnet werden kann. Die Gruppenmitglieder schreiben besonders positive Anmerkungen um die Umrißzeichnung herum.

## Die Kunst, Unterstützung zu geben und anzunehmen

**Unterstützungslebenslinie** [1]

1. Zeichne einen langen horizontalen Strich auf ein Blatt Papier. Er stellt deinen Lebensweg dar. Am linken Ende trägst du dein Geburtsdatum ein, das rechte Ende

stellt deinen Tod dar. Zeichne einen Punkt an die Stelle, von der du denkst, daß du dich jetzt dort befindest.

2. Die Punkte über der Linie markieren Höhepunkte in deinem Leben. Schreibe dir auf, was du mit deinen Höhepunkten verbindest und wer dein Glück mit dir teilte.

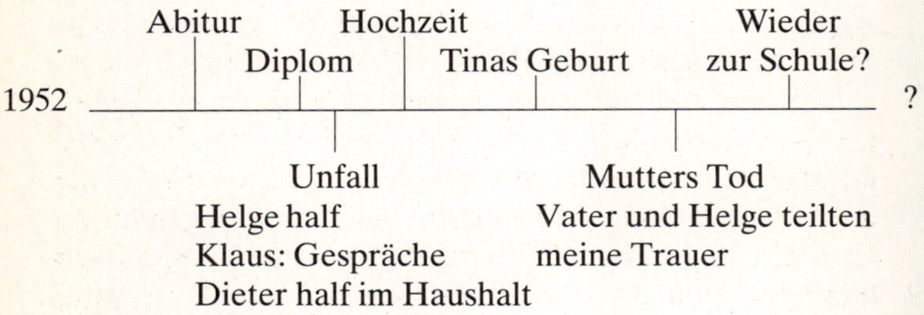


3. Die Tiefpunkte deines Lebens schreibst du unter die Linie; notiere dir dort auch, wer dir geholfen hat und deinen Kummer mit dir geteilt hat. Welche Unterstützung hast du bekommen?
4. Trage auch deine Zukunftspläne ein. Auf wen kannst du dich mit deinen Projekten und bei ihrer Durchführung verlassen?

**Hilfe suchen/Hilfe geben**

1. Verfasse eine imaginäre Anzeige für deine Tageszeitung. Beschreibe deine Talente, anderen Unterstützung zu geben. Liste auf, was du guten Gewissens anbieten kannst. Was verlangst du im Austausch dafür?
2. Entwerfe eine Anzeige, in der du schilderst, welche Unterstützung du zur Zeit für dein Leben am meisten brauchst.

**Gruppenspiele**

*Singen und Setzen* [2]

Die Gruppe bildet einen Kreis, jeder mit dem Gesicht

zum Rücken des anderen. Geht ganz dicht zusammen, jeder legt die Hände auf die Hüfte der Person vor ihm. Einer beginnt zu singen und alle gehen vorwärts. Wenn das Lied unterbrochen wird, setzt sich jeder in den Schoß der Person hinter ihm. Wenn das gelingt, ohne daß jemand hinfällt, gewinnt die ganze Gruppe, andernfalls bleibt die Schwerkraft Sieger, und das Spiel beginnt von neuem.

*Vertrauensspaziergang*[3]

Die Gruppe teilt sich in Paare auf. Wenn sie aus Angehörigen unterschiedlicher Altersgruppen besteht, wird immer ein Paar aus einem älteren und einem jüngeren Menschen gebildet. Es wird abgesprochen, wer zuerst der »Führer« sein soll. Der andere Partner bekommt die Augen verbunden oder schließt fest die Augen und wird in einem vorgeschriebenen Gebiet vom anderen herumgeführt. Der führende Partner hält die Hand des »Blinden«, bleibt in unmittelbarer Nähe und führt ihn vorsichtig herum. Während der ersten zwei Minuten des Spaziergangs dürfen noch verbale Anweisungen gegeben werden, die nächsten zwei Minuten aber schweigen beide. Nach vier Minuten werden die Rollen getauscht. Der führende Partner ist verantwortlich für die Sicherheit des »Blinden« und kann dessen Erfahrung noch bereichern, indem er ihn Stoffe und Objekte in der Umgebung ertasten läßt. Sprecht darüber, wie Unterstützung gegeben wurde und Vertrauen entstand. Was war gut an der Rolle des »Führers«, was an der des »Blinden«? Welche Rolle mögen die Teilnehmer lieber? Welche neuen oder besonderen Empfindungen über den Partner hatte jeder nach dem gemeinsamen Spaziergang?

## *Darüber sprechen*

**Geschichten erzählen**

Ein Weg, Erfahrung mit anderen zu teilen, ist, in Form von Geschichten unsere Vergangenheit zu erzählen.

*Jeder für sich*

Schreibe in dein Tagebuch eine Geschichte, die dir dein Vater oder deine Mutter einmal erzählt hat. Schreibe in der ersten Person, so als ob sie es erzählen würden. Was, glaubst du, ist die Botschaft dieser Geschichte? Gibt es eine Geschichte, die du deinen Eltern dazu erzählen möchtest? Wenn ja, schreibe alles auf. Was ist die Moral deiner Geschichte? Überlege einmal, ob es nicht möglich ist, diese Geschichte wirklich deinen Eltern zu erzählen.

*In der Familie*

Bitte einzelne Familienmitglieder, sich an bestimmte Abenteuer zu erinnern, die alle betreffen. Einigt euch auf eines, an das sich alle gut erinnern können. Ernennt einen zu eurem Chronisten, die anderen diktieren ihm die Geschichte. Diese Übung sollte bei anderen Gelegenheiten wiederholt werden, so daß eine kleine Chronik von Familienereignissen entsteht. Auch Großeltern und andere Verwandte können gebeten werden, einige Geschichten beizutragen oder aufzuschreiben. Es sollte jeweils genug Zeit für Beobachtungen, Schlußfolgerungen und gemeinsame Gespräche vorhanden sein.

*In der Klasse*

Teile die Klasse in Kleingruppen zu vier bis sechs Schülern. Jede Gruppe unterhält sich über »Geschichten, die meine Eltern mir immer erzählen«. Danach sollen sie sich jeweils auf eine Geschichte einigen. Jede Gruppe hat fünf Minuten Zeit, einen improvisierten Sketch zu der Geschichte vorzubereiten. Jede Gruppe soll die Geschichte mit dem gleichen Respekt und den gleichen Gefühlen behandeln, wie es die Eltern immer machen. Die Sketche sollten jeweils als Pantomimen »erzählt« werden; die Zuschauer müssen erraten, um welche Geschichte es sich handelt. Nachdem jede Gruppe ihren Sketch gespielt hat, diskutiert darüber. Warum erzählen euch eure Eltern Geschichten aus ihrer Vergangenheit? Ändern sich die Geschichten über die Generationen hinweg? Welche besonderen Themen werdet ihr später einmal euren Kindern in Geschichten nahebringen?

*Im Arbeitskreis*

Teilt euch in Paare auf und erzählt euch kurz eine Geschichte, die eure Eltern euch erzählt haben, als ihr noch jung wart. Als nächstes erzählt ihr eine Geschichte, die euch wichtig wäre, euren Kindern zu erzählen. Diskutiert in der Gruppe über die Vorteile des Geschichtenerzählens. Was kann dabei schiefgehen?

## Spiegelbilder[4]

Eine Kommunikation besteht aus mehr als nur Worten. Spiegelbilder sind eine Technik, in der Körpersprache als Mittel eingesetzt wird, um zu zeigen, daß wir uns ohne Worte verständigen können. Die Gruppe wird in Paare aufgeteilt. Jedes Paar steht sich in einem gewissen Abstand gegenüber, so daß Bewegungen möglich sind. Ein Partner ist der Führer, der andere das Spiegelbild. Auf das Zeichen des Gruppenleiters hin beginnt sich der führende Partner langsam auf der Stelle zu bewegen: er hebt den Arm oder das Bein, beugt sich, wiegt sich, dreht sich. Das Spiegelbild muß allen diesen Bewegungen exakt folgen. Das Ziel ist, so genau aufeinander zu reagieren, daß das Spiegelbild die eigenen Bewegungen verdoppelt. Dies verlangt von beiden Partnern Konzentration, Beobachtungsgabe, Intuition und Sensibilität. Nach drei Minuten tauschen die Partner ihre Rollen. Nach weiteren drei Minuten sind beide gleichzeitig Spiegelbilder, entwerfen ihre Bewegungsabläufe simultan und bewegen sich gleichzeitig. Nach Beendigung dieser Übung sprechen die Gruppenmitglieder über ihre Gefühle während der verschiedenen Phasen der Übung.

**Singen mit Gefühl**

Wählt eine einfache und bekannte Melodie wie »Hänschen klein« und achtet darauf, wie das Lied klingt, wenn ihr es je nach Stimmung verschieden singt. Die Gruppe wähle jedesmal ein Gefühl aus: Ärger, Stolz, Angst usw. - und die ganze Gruppe singt das Lied in dem entsprechenden Tonfall.

## *Gefühle verstehen und akzeptieren*

*Jeder für sich*

1. Schreibe in einem Zeitraum von einer Woche regelmäßig über deine Gefühle etwas in dein Tagebuch. Bei jeder Eintragung notierst du dir kurz den Tag, die Uhrzeit, was gerade geschieht und das Gefühl, das den Augenblick prägt. Z.B.: »Montag, 8.15 Uhr: Alle sind aus dem Haus... außer mir. Sogar der Hund hat sich zum Schlafen zurückgezogen. Draußen ist es sonnig und frisch. Ich habe mir gerade eine Tasse Kaffee gekocht und werde jetzt mit der Arbeit anfangen. Ich fühle mich stark, heiter und bin fest entschlossen, jetzt loszulegen.« »Dienstag, 15.45 Uhr: Endlich ist die Post gekommen ... noch mehr Rechnungen! Ich muß gleich in die Schule, um mir das Fußballspiel der Jungen anzusehen und bin froh, daß ich eine Entschuldigung habe, um an die frische Luft zu kommen. Ich fühle mich entmutigt und kämpfe dagegen an.« Analysiere oder bewerte deine Gefühle nicht; bringe sie lediglich zum Ausdruck. Benenne deine Reaktionen so genau, wie du kannst, nicht nur mit Begriffen wie »traurig«, »fröhlich« oder »wütend«. Bemühe dich um eine reichhaltigere, konkretere Ausdrucksweise.
2. Betrachte dir deine Aufzeichnungen noch einmal daraufhin, ob es ein zentrales Gefühl gibt oder eines, das immer wieder hochkommt. Führe ein Zwiegespräch mit

diesem Gefühl: Beschreibe es genau, wie es ist und wann es auftritt. Die »Unterhaltung« kann zum Beispiel so aussehen:

Entmutigung:
1. Am Dienstag Nachmittag hast du dich gezeigt: in dem Augenblick, als die Rechnungen kamen.
2. Du bist verschwunden, als ich am Fußballplatz ankam.
3. Mittwoch Morgen bist du zurückgekommen, als alle aus dem Haus rasten und mir ein Chaos hinterließen.
4. Mittwochabend warst du überall im Haus. Jeder hat sich beklagt, und ich hatte nicht übel Lust, mich im Badezimmer einzuschließen, wenn das nicht so dreckig ausgesehen hätte.
5. Am Donnerstag hast du dich den ganzen Tag in meinem Kopf herumgetrieben, aber ich habe wie verrückt gearbeitet und mich geweigert, dir besondere Aufmerksamkeit zu schenken.
6. Heute habe ich das Gefühl, daß du irgendwo hier rumlungerst und auf den Moment wartest, wo ich so erschöpft bin, daß ich dir wieder anheimfalle.

Jetzt rede das Gefühl selbst an und laß es zu dir je nach seiner Eigenart sprechen. Sag' ihm, was du ihm gegenüber empfindest.

Entmutigung: »Ich bin hier und warte. Ich gehe nicht eher weg, als bis du dich mit mir beschäftigt hast.«
Anne: »Ich brauche dich nicht. Ich ignoriere dich. Ich will nicht, daß du mich niedermachst.«

Entmutigung: »Aber ich habe dir einiges zu sagen. Ich bin so voller Sorgen und Ängste, daß du dich einfach um mich kümmern mußt.«

Laß es zu, daß der Dialog seinen eigenen Verlauf nimmt;

lenke ihn nicht, versuche nicht, die Gefühle zu unterdrükken, die in dir hochkommen. Das Ziel dieser Übung ist, deine Gefühle kennenzulernen und ihnen Ausdruck zu verleihen.

*In der Familie oder in der Klasse*

1. Aus einem Kinderbuch wird eine Passage über Gefühle vorgelesen. Beim Vorlesen wechseln sich verschiedene Gruppenmitglieder ab. Die Geschichte dient als Ausgangspunkt, um über Gefühle zu sprechen. So eignen sich z.B. Gruselgeschichten gut, um über Angstgefühle zu sprechen. Erzählt euch gegenseitig, welche ängstlichen, erschreckten und gruseligen Momente ihr in eurem Leben erlebt habt.
2. Macht ein Puppenspiel, um Situationen darzustellen, in denen starke Gefühle beteiligt sind. Am Anfang könnte das eine Szene aus dem Buch sein, das ihr euch vorgelesen habt. Anschließend improvisiert ihr in Kleingruppen kleine Geschichten zum Thema »Ein glücklicher Tag«, »Der große Schreck« usw.
3. Entwickelt eine Liste »Wortschatz der Gefühle«. Einzelne Rubriken könnten sein: Glück, Unglück, Wut, Angst, Sympathie, Haß, Unbehagen, Mitleid; anschließend führt ihr darunter so viele Variationen und Intensitäten auf, wie euch nur einfallen. Zu jedem Begriff könnt ihr ein Poster oder eine Wandzeitung machen. Ihr könnt auch jeder für sich die Liste machen, sie eurem Tagebuch beifügen und immer wieder ergänzen, je mehr sich euer »Gefühlswortschatz« erweitert.
4. Das Gefühls-Alphabet: Reihum nennt jeder ein Gefühl, je nach Buchstaben des Alphabets. A steht z.B. für aufgeregt, B für betroffen, C für chaotisch. Das Spiel macht mehr Spaß, wenn jedes Wort durch eine charakteristische Mimik und Gestik begleitet wird. Bei den Buchstaben, die schwer auszufüllen sind, erfinden die Spieler ein Wort, beschreiben wie es sich »anfühlt« und

bei welchen Gelegenheiten es auftaucht. Z.B.: X steht für xabuliert und bedeutet ein Gefühl, über's Ohr gehauen worden zu sein: »Ich fühle mich xabuliert, wenn ich mich vor dem Kino zehn Minuten lang anstellen muß und in dem Augenblick, wenn ich dran wäre, die Kasse geschlossen wird.«

*Im Arbeitskreis*

1. Zum Aufwärmen werden wieder Paare gebildet, die sich gegenseitig über ihre Gefühle erzählen: »Die schönste Jahreszeit für mich«, danach: »Was mich deprimiert«. In der gesamten Gruppe anschließend ein Brainstorming: »Was ich mache, wenn ich fröhlich bin«, und »Was ich tue, um aus einer Depression herauszukommen«.
2. Erzählt euch Erfolgsgeschichten: »Etwas, vor dem ich zwar Angst habe, was ich aber trotzdem mache«, »Als ich einmal wütend genug war, um mich zur Wehr zu setzen« usw.
3. Biete in der Gruppe eine »Sonderzeit« an. Zu Beginn jedes Treffens wird gefragt, ob jemand das Bedürfnis nach einer fünf- oder zehnminütigen Sonderzeit hat, um über Gefühle zu sprechen, während die anderen zuhören. Ein Beispiel: Annemarie hat sich entschlossen, sich zum ersten Mal in ihrem Leben als Kandidatin für die Kommunalwahlen aufstellen zu lassen. Sie bittet um fünf Minuten Sonderzeit, um über ihre Angst vor öffentlichen Auftritten zu sprechen. Möglicherweise nimmt ihre Nachbarin ihre Hand oder jemand legt den Arm um sie, während sie spricht, oder sie bittet die Anwesenden, sich um sie herum auf den Boden zu setzen, damit sie nicht so laut sprechen muß, und »Wahnsinn! Ihr könnt euch gar nicht vorstellen, wie gerne ich im Mittelpunkt stehe!«, könnte sie ironisch lachend ausrufen. »Und ich weiß, daß die ganze Welt nur darauf wartet, was ich zu sagen habe!« Vielleicht zeigt sie aber auch

schnell, wie groß ihre Befürchtungen sind, bricht in Tränen aus und meint »Ich hab' solche Angst. Ich denke immer, ich begehe einen Fauxpas nach dem anderen, wenn ich mich in der Öffentlichkeit bewege.«

Durch die freundliche Aufmerksamkeit, die sie von der Gruppe bekommt, kann sie sich mit ihrer Angst auseinandersetzen. Nach der eingeräumten Zeit können die anderen Gruppenmitglieder oder der Leiter der Gruppe Annemarie helfen, wieder in das Gruppengeschehen zurückzufinden, indem sie einfache Fragen stellen, die sie in die Gegenwart zurückführen.: »Welches Bild ist hinter dir an der Wand?« »Welche Blumen magst du am liebsten?« »Wer steht links neben dir?« Sehr wichtig: Dieser Prozeß soll dazu dienen, Menschen zu ermutigen, ihre Alltagsgefühle mit anderen Menschen zu teilen. Es geht nicht darum, daß die Gruppe therapeutisch tätig werden soll. Daher sollte die Sonderzeit auch sorgfältig genutzt werden, nämlich für solche Angelegenheiten, die man in der angegebenen Zeit tatsächlich positiv abschließen kann und nicht für psychologische Traumata. Die Gruppe kann und darf nicht versuchen, wie ein professioneller Berater die Verantwortung für das Geschehen zu übernehmen.

## Werte

*Jeder für sich*

Schreibe in dein Tagebuch einen Brief an dein persönliches Vorbild oder jemanden, den du bewunderst. Erkläre, für was diese Person in deinen Augen steht. Welche Werte glaubst du mit ihr gemeinsam zu haben? Schildere ein Ereignis oder ein Verhalten, das zeigt, wie ähnlich du und dein/e Held/in in Bezug auf Wertvorstellungen handelt. Welche neuen Verhaltensweisen erarbeitest du dir zur Zeit, die für deine jetzigen Wertvorstellungen stehen?

*In der Familie, in der Klasse, im Arbeitskreis*

*1.* Nicht immer geht es um die Wahl zwischen Gut und Böse; manchmal geht es um schlecht und noch schlechter. Was für eine Person schrecklich ist, bedeutet für eine andere kein Problem. Veranstaltet ein Brainstorming in der Gruppe über das Thema »Familienpflichten«. Die auf diese Weise entstehende Liste ist dann Vorbild für eine persönliche Liste in der Reihenfolge: Was kann ich noch weniger leiden?; anschließend sprecht ihr in der Gruppe darüber, was ihr warum so eingeordnet habt. [5]

2. Oft werden unsere Wertvorstellungen durch äußere Umstände beeinflußt. Arbeite mit einem Partner zusammen drei Arten aus, wie ihr eure Freizeit verbringt. Wenn du morgen eine Million erben würdest, was würdest du zuerst verändern, und was käme danach? Wenn du einen Unfall hättest und beide Beine gebrochen wären, was würdest du mit deiner Zeit anfangen? Wenn du wüßtest, du hättest nur noch sechs Wochen zu leben - wie würdest du sie verbringen? Diskutiere mit deinem Partner darüber.

## *Ich würde lieber ...-Liste*

besser

---

Bügeln
Abtrocknen
Geschirrspülen
Mülleimer leeren
Rasen mähen
Fußboden schrubben
Toiletten saubermachen
Mit der Schaufel Hundedreck wegmachen

---

am schlimmsten

3. Sprecht darüber, was besondere Auswirkungen darauf hat, wie Menschen den Faktor Zeit einschätzen.

## *Positive Grenzen setzen*

**Persönliches »Glaubensbekenntnis«**

Jeder Mensch bringt ein persönliches Credo in den Prozeß der Rollenfestsetzung ein - einige grundlegende Überzeugungen darüber, was man tun und was man lassen sollte, basierend auf übernommenen Wertvorstellungen über schlechtes Verhalten. Diese verinnerlichten Vorstellungen über Wahrhaftigkeit, Bescheidenheit, Treue, Fleiß usw. nehmen in den Erwartungen, die wir auf uns selbst und andere richten, Gestalt an. Obwohl wir sie vielleicht nur selten aussprechen, definieren diese Konzepte unsere persönliche Ansicht darüber, was »man« immer und was man nie tun oder sagen sollte. Die folgende Übung bringt uns dazu, uns einige dieser Annahmen noch einmal ins Gedächtnis zu rufen und sie damit einer Überprüfung zugänglich zu machen. In ihnen können wertvolle Einsichten, aber auch hartnäckige Vorurteile enthalten sein, die zu Konflikten führen.

## *Persönliches Glaubensbekenntnis*

In dieser Familie (Klasse, Gruppe) sollte man

| IMMER | NIE |
| --- | --- |
| 1. ____________ | 1. ____________ |
| 2. ____________ | 2. ____________ |

(insgesamt 10 Punkte)

*Jeder für sich*

1. Fülle die Liste aus.
2. Sieh' sie dir noch einmal an, hake die Punkte ab, die durch deinen gegenwärtigen Lebensstil bestätigt werden und mache ein X an diejenigen, die häufig eine Quelle von Konflikten darstellen.
3. Wähle eine der Überzeugungen aus, die du stolz als Motto an deine Wohnungstür kleben könntest. Denke an ein Ereignis in deinem Leben, das diese Überzeugung widerspiegelt. Wer war beteiligt? Was war damals deine Reaktion? Schreibe eine kurze Schilderung der Ereignisse auf und füge sie zusammen mit dem »Glaubensbekenntnis« deinem Tagebuch bei.

*In der Familie oder in der Klasse*

1. Erkläre, daß du beabsichtigst, über die Verhaltensweisen zu diskutieren, die Menschen bewundern oder zutiefst verabscheuen. Weise darauf hin, daß Menschen verschiedene Vorstellungen und Einstellungen haben: Zum Beispiel glauben manche, daß man, wenn man schon spielt, dann auch alles daran setzen sollte, zu gewinnen, während andere davon überzeugt sind, daß der Spaß am Spiel entscheidend ist.
2. Bitte die Gruppe, einen Augenblick lang über ihre Vorstellungen zum Thema »Du sollst« und »Du darfst nicht« nachzudenken. Veranstalte ein Brainstorming über solche Regeln und sammle die Wortmeldungen auf zwei großen Bögen Papier mit der Überschrift »Immer« und »Nie«. Was auf dem einen Blatt steht, wird in sein Gegenteil verkehrt und auf das andere Blatt geschrieben, z.B.: »Nie brüllen« wird umgekehrt zu »Immer respektvoll sprechen«.
3. Aus dieser Sammlung von Regeln heraus wird von der Gruppe ein Familien- oder Klassen-Credo entwickelt, das positiv formuliert wird. Hängt das »Glaubensbekenntnis« an einer gut sichtbaren Stelle auf.

*Im Arbeitskreis*

Jeder hat fünf Minuten Zeit, eine »Immer-und-Nie-Liste« auszufüllen (entsprechend wie diese Begriffe seine persönlichen Wertvorstellungen widerspiegeln). Dann sucht sich jeder eine seiner Grundüberzeugungen aus, erklärt einem Partner, warum er sie für so wichtig hält und beschreibt, unter welchen Umständen er kompromißbereit wäre oder darüber mit anderen verhandeln würde.

## *Probleme und Konflikte lösen*

Einer Gruppe den *Prozeß* der Problemlösung beizubringen, ist ein anderes Ziel als zu versuchen, aktuelle Probleme zu lösen. Während es akzeptabel und oft hilfreich ist, die persönlichen Probleme von Mitgliedern eines Arbeitskreises dazu zu verwenden, eine Methode zu demonstrieren, sind die einzigen Probleme, die während einer solchen Sitzung gelöst werden können, solche, die unter die Kategorie »dein eigenes« oder »unser« Problem fallen. Die »Eigentümer« des Problems - oder, im Fall eines die Beziehung betreffenden Problems, beide Seiten - müssen anwesend sein. Der Prozeß des Lehrens und Lernens darf nicht mit der Verpflichtung verwechselt werden, als letztes Ziel zu einer Lösung zu kommen.

**Aufwärm-Übungen: Schnelle Entscheidungen treffen**

Diese Übungen dienen zum Nachdenken über die Art und Weise, wie die meisten unserer Entscheidungen getroffen werden - nämlich schnell, aus der Situation heraus. Sie vermitteln Einsichten über die Vielzahl unterschiedlicher, phantasievoller Lösungen, die jeweils denkbar sind:

- Du bist im Supermarkt gerade durch die Kasse und auf dem Weg nach draußen, da kommt deine Fünfjährige hinter dir her und zeigt dir eine offene Packung Süßigkeiten, die du nicht bezahlt hast.

- Du bist Lehrerin in einer Hauptschulklasse und gehst den Korridor entlang. Als du um die Ecke biegst, siehst du eine Szene, die den Anschein hat, als ob zwei Jungen gerade einen jüngeren zwingen, ihnen Geld zu geben.
- Du kommst von der Arbeit nach Hause und siehst dein ganzes Werkzeug auf dem Rasen verstreut, wo deine Zwölfjährige gerade ein »Baumhaus« baut.
- Letzter Schultag. Der Schüler, der auf der Abschlußfeier die Rede halten soll, kommt zu spät in die Klasse und versteckt eine Flasche Bier unter seinem Mantel.

*Jeder für sich*

1. Schreibe für jeden dieser Fälle so viele möglichen Lösungen auf, wie dir einfallen. Für jedes Problem hast du nur dreißig Sekunden Zeit. Laß deiner Phantasie freien Lauf, ohne deine Vorschläge zu bewerten.
2. Gehe deine Liste noch einmal durch. Löst du Probleme mit aktiven oder passiven Mitteln? Sammelst du zusätzliche Informationen? Handelst oder reagierst du? Gibt es gewisse Muster für deine Problemlösungen?

*In der Familie, in der Klasse oder im Arbeitskreis*

1. Schließe dich mit jemandem zusammen, mit dem du nicht gewohnt bist, Entscheidungen zu treffen.
2. Der Gruppenleiter oder ein Mitglied erklärt den Prozeß: Er liest das Problem der ganzen Gruppe laut vor. Jedes Paar muß schnell eine Entscheidung treffen und nach dreißig Sekunden eine Antwort parat haben. Beide sollen sich dabei möglichst einig sein. Nachdem der Gruppenleiter gesagt hat, daß die Zeit vorbei ist, gibt jedes Paar seine Antwort; sie wird nicht kommentiert.
3. In der Diskussion in der gesamten Gruppe werden anschließend Kommentare eingeholt und einzelne Reaktionen analysiert: Konntet ihr euch in dreißig Sekunden einigen? Wurde die gemeinsame Entscheidungsfindung leichter, als du deinen Partner besser kennenlerntest? Wie oft löst du Probleme auf diese Art?

**Aufwärm-Übungen: kooperative Spiele**

Viele kooperative Spiele können sinnvoll während Problemlöse-Sitzungen eingesetzt werden oder um in einer Gruppe locker zu werden. Lachen, Kreativität und nonverbale Fähigkeiten werden so zum Vorschein gebracht und manche irrige Vorannahme - daß Problemlösen immer gewichtig und kompliziert sein muß - verschwindet. Übungen, wie »die Maschine« (eine Person fängt an, sich zu bewegen und »Maschinengeräusche« zu machen, andere mit ihren eigenen Bewegungen und Klängen kommen nach und nach hinzu, bis alle zusammen eine große Maschine bilden) oder die »Bretzel« (ein Teil der Gruppe stellt sich Hand in Hand in einen Kreis auf und dreht sich dann so lange, bis sie die Form einer Bretzel annimmt, ein oder zwei andere Gruppenmitglieder müssen dann versuchen, sie »auseinanderzudrehen«), bringen die Teilnehmer der Gruppe näher zusammen - körperlich, geistig und in guter Laune - und bereiten sie darauf vor, auch schwierigere Probleme anzugehen.

**Übungen, um den Problemlöse-Prozeß zu erlernen: Probleme benennen**

Die folgende Liste von Problemen ist dazu gedacht, einen objektiven Ausgangspunkt dafür zu liefern, wessen unbefriedigte Bedürfnisse behandelt werden sollen. Denke daran, daß es keine richtigen oder falschen Antworten gibt - deine Wahrnehmung eines Bedürfnisses kann deutlich bestimmen, wem du das Problem zuschreibst.

- Du hast eine Verabredung getroffen, mit deinen Eltern den Heiligen Abend zu feiern. Dein/e Partner/in ruft fröhlich aus dem Badezimmer, daß er/sie fertig ist - und kommt heraus: in Jeans, Sweatshirt und Turnschuhen.
- Du kommst von der Arbeit nach Hause und stellst fest, daß deine vierzehnjährige Tochter dein gesamtes Make-up/Rasierzeug ohne deine Erlaubnis in Einzelteile zerlegt und über das ganze Badezimmer verteilt hat.

- Du kommst hinzu, wie sich gerade zwei Lehrerkollegen abschätzig über einen Schüler äußern, mit dem du viel Zeit verbracht hast in der Absicht, sein Selbstwertgefühl aufzubessern.
- Deine beiden Kinder - sie sind vier und sieben Jahre alt - beginnen auf dem Rücksitz des Wagens eine heftige Auseinandersetzung. Es ist der Wagen deiner Nachbarin, und ihr beide sitzt vorn.
- Dein/e Partner/in gibt in Gegenwart deines Vaters zu, daß er/sie fünfzehnhundert Mark Schulden hat - Spielschulden.
- Dein neunjähriger Sohn kommt an einem kalten, regnerischen Tag barfuß zur Tür herein, und auf dem Weg in sein Zimmer hörst du ihn nießen.
- Du hast das Sorgerecht für deine sechzehnjährige Tochter. Dein/e »Ehemalige/er« verspricht ihr eine Schreckschußpistole zum Geburtstag.

*Jeder für sich*

1. Entscheide, wessen Problem es ist. Welche Bedürfnisse sind betroffen?
2. Gibt es irgendwelche Muster in deinen Antworten? Übernimmst du automatisch Verantwortung für die Probleme eines Kindes? Reagierst du anders, wenn dein Partner betroffen ist? Werden deine Reaktionen davon beeinflußt, ob noch eine dritte Person beteiligt ist?
3. In dein Tagebuch:
   a) schreibe darüber, welche Verhaltensmuster du als Reaktion auf Problemsituationen bei dir für typisch hälst;
   b) untersuche eines deiner gegenwärtigen Probleme, um festzustellen, wessen Problem es ist und welche Bedürfnisse eine Rolle spielen; c) ist es schwierig für dich, ein Problem selbst zu haben oder eines »abzugeben«? Warum?

*In der Familie, in der Klasse oder im Arbeitskreis*

1. Erkläre die Theorie des »Problem-Eigentums«.
2. Teile die große Gruppe in Kleingruppen von zwei, drei oder vier Personen auf. Gib in jede Gruppe einige der oben genannten Probleme hinein; sie hat zwei bis drei Minuten Zeit pro Problem. Sie soll versuchen, sich darüber zu einigen, wessen Problem es ist und welche Bedürfnisse hier zum Ausdruck kommen.
3. Berichtet die Erfahrungen in der Großgruppe. Diskutiert über das eine oder andere Problem. Wessen Problem ist es, welche Bedürfnisse sind angesprochen? Schreibt die Ergebnisse auf.
4. Alternativ: Einige Gruppenmitglieder machen ein Rollenspiel oder Puppenspiel, um ein Problem aus der Liste zu verdeutlichen. Nachdem die Situation ausagiert und das Problem dargelegt ist, diskutiert die ganze Gruppe über den »Eigentümer« des Problems und die beteiligten Bedürfnisse.

## Problemlöse-Methoden

Die folgenden Prozesse können in den verschiedenen Problemlöse-Situationen angewendet werden: »Umkehr«-Problemlösen hilft dabei, dir selbst klarzumachen, welche Bedürfnisse du hast, wenn es sich um dein Problem handelt. »Ziel-Wunsch«-Problemlösen kann angewandt werden, wenn das Problem einer anderen Person »gehört«; »Unterstützende Anwesenheit« und »Virginia-Kreuz« sind zwei Methoden für den Fall, daß es sich um ein Beziehungsproblem handelt. Um diese Prozesse in Gruppen zu vermitteln, schlagen wir vor, daß sie zunächst vom Gruppenleiter erklärt werden und anschließend an einem entweder hypothetischen oder freiwillig beigesteuerten Problem von der Gruppe bearbeitet werden. Beim »Ziel-Wunsch« arbeitet die ganze Gruppe mit dem »Eigentümer« des Problems zusammen. Die anderen Prozesse können zunächst durch Rollenspiel vermittelt werden. Die Schritte in diesem Prozeß sollten für alle Teilnehmer sichtbar aufgeschrieben und ihnen mit nach Hause gegeben werden.

*»Umkehr«-Problemlösen*

1. DEFINIERE DEINE ROLLE IM PROBLEM. Beschreibe das Ereignis oder die Interaktion, die dir Probleme macht. Beschreibe dein Verhalten und wie dies dich selbst betrifft. Hast du irgend etwas davon, daß du dich so verhältst? Oder umgekehrt: Welchen Preis zahlst du?
2. FINDE DIE BETEILIGTEN GEFÜHLE HERAUS. Was empfindest du, wenn diese Situation entsteht? Kannst du dich an eine ähnliche Situation erinnern, wo du genauso gehandelt hast? An was erinnert dich das? (Achte auf belastete Worte wie: schüchtern, schwach, weniger, schlechter, ich sollte, hätte eigentlich...)
3. UNTERSUCHE, AUF WELCHE WEISE DU DICH VIELLEICHT SELBST HERABSETZT: Bringst du manchmal (wie?) deine Fähigkeiten oder Bedürfnisse selbst in Mißkredit? Neigst du zu Vergleichen oder Annahmen, die zu unlogischen Schlußfolgerungen führen? Wenn es geht, erlaube es dir, wenn du willst, zu weinen, zu lachen oder Gefühle körperlich herauszulassen.
4. DREHE DIE VERNEINUNG UM. Versuche dich an dem Gegenteil der Gefühle, die du im Schritt 3 entdeckt hast. Wende die Abwertung um 180 Grad: bestätige dich selbst.
5. MACHE DEN ERSTEN SCHRITT. Entscheide dich für einen Schritt, den du machen kannst und der deine neue Annahme über dich selbst demonstriert. Was brauchst du, um diesen Schritt zu tun? Wann wirst du ihn tun?

*Ziel-Wunsch-Problemlösen*
Gleich zu Beginn muß sich die Gruppe auf diese Punkte einigen:

- Eine Person wird das Problem »haben«, der Rest der Gruppe wird als »kreatives Potential« dabei helfen, das Problem zu lösen.
- Die anderen Teilnehmer werden die Person, die das Problem hat, nicht kritisieren oder heruntermachen und Fragen nur stellen, um sie besser zu verstehen.
- Keiner in der Gruppe wird die Vorschläge der anderen kritisieren oder darüber diskutieren.

1. ERKLÄRE DAS PROBLEM. Der »Problem-Eigentümer« beschreibt in etwa drei Minuten:
   Wieso ist diese Situation ein Problem?
   Welche Vorstellungen hast du selbst schon entwickelt, um das Problem zu lösen?
   Könntest du dir vorstellen, eine Lösung zu finden, die deine Träume in Erfüllung gehen läßt?
   Während dieser Zeit sollten die Gruppenmitglieder sich Notizen darüber machen, was ihnen zur Problemlösung einfällt. Der Gruppenleiter bittet denjenigen, der sein Problem vorgestellt hat, die Frage zu stellen, die seiner Meinung nach die Gruppe beantworten sollte. Der »Problem-Besitzer« sollte eine konkrete Frage stellen, die mit »Wie« anfängt. Dieser Frage - und eventuell alle weiteren, die ihm einfallen - werden auf ein großes Blatt Papier geschrieben.
2. ZIEL-WÜNSCHEN, UM ALTERNATIVE LÖSUNGEN ZU FINDEN. Die Gruppe, inklusive des Problem-Eigentümers, bietet Ziel-Wünsche in »Wie«-Fragen an. Sie lösen eventuell überraschende Antworten aus. »Verrückte«, »undenkbare« Gedanken enthalten oft Ideen, die das Körnchen möglicher Lösungsansätze enthält und das ein »gewöhnliches« mehr strukturiertes Nachdenken häufig zensiert.

3. GIB EINE SPEZIFISCHE ANTWORT, UM BRAUCHBARE ALTERNATIVEN AUSZUSUCHEN. Der Gruppenleiter bittet den Problem-Eigentümer, die Ideen auszusuchen, die ihm für eine Lösung besonders attraktiv erscheinen und auf eine davon mit einer »spezifischen Antwort« zu reagieren. (Eine spezifische Antwort bedeutet, mindestens drei Dinge zu benennen, die an dieser Idee gut sind, erklären, warum sie gut sind, und einen Fehler aufzudecken, der behoben werden müßte, damit die Idee zu einer brauchbaren Lösung wird.) Der Gruppenleiter schreibt diese Vorschläge auf ein Blatt Papier, listet Vorteile und Fehler dieser möglichen Lösung auf. Der Problem-Eigentümer formuliert eine »Wie«-Frage über den Fehler usw.
4. ZIEL-WÜNSCHEN, UM MÖGLICHE HANDLUNGSSCHRITTE EINZULEITEN. Wieder in der »Wie«-Frageform veranstaltet die Gruppe ein Brainstorming über mögliche Lösungen oder Wege, wie dieser Zielwunsch erfüllt werden kann.
5. GIB EINE SPEZIFISCHE ANTWORT, UM MÖGLICHE LÖSUNGEN ZU VERDEUTLICHEN. Der Problem-Eigentümer gibt seinen Kommentar zu Vorstellungen ab, die zu möglichen Lösungen führen können und untersucht sie gemeinsam mit der Gruppe; dabei gibt er »spezifische Antworten«, bis eine oder mehr Möglichkeiten gefunden sind, von denen er glaubt, daß sie verwendbar sind. Es ist besser, mehr als eine Alternative zu haben, damit der »Eigentümer« sich nicht zu einer Lösung gezwungen fühlt, die sich vielleicht als undurchführbar erweist.
6. BESTIMME DIE ZU UNTERNEHMENDEN SCHRITTE. Der Gruppenleiter bittet den Problem-Eigentümer, konkrete Schritte zu benennen, die er unternehmen will, um die Lösung durchzusetzen, und konkrete Vorstellungen zu äußern, wann (morgen, nächste Woche) er diese Schritte unternehmen will.

7. DAS TREFFEN BEENDEN. Der Gruppenleiter übergibt dem Problem-Besitzer die Blätter, auf denen die Vorschläge für mögliche Lösungen und spezifische Antworten verzeichnet sind. Der Problem-Besitzer kann im Anschluß daran noch einzelne Gruppenmitglieder nach detaillierten Informationen fragen, die während der Sitzung noch nicht zur Sprache gekommen sind.

*Unterstützende Anwesenheit*

1. ERKLÄRE, DASS DU HIER BIST, UM ZU SEHEN, DASS KEINE DER BEIDEN SEITEN DIE ANDERE MIT WORTEN ODER TATEN VERLETZT. Versichere den beiden miteinander in Konflikt befindlichen Parteien, daß ihre Gefühle - und zwar alle Gefühle - akzeptabel sind, daß aber eine verletzende Reaktion vermieden werden soll. Wenn die Situation sehr gespannt ist, kannst du vorschlagen, daß beide Seiten sich eine Weile zurückziehen, um ihre aufgeputschten Gefühle auf sichere Art und Weise herauszulassen: ein Kissen »prügeln«, einmal ums Haus laufen, ein Bild über ihre Wut zeichnen ...
2. VERSICHERE IHNEN, DASS SIE IHR PROBLEM SELBST BEARBEITEN KÖNNEN. Begleite sie zu einem ruhigen Ort und erkläre ihnen, daß du hier bleiben wirst, um sicherzugehen, daß niemand verletzt wird. Sage mit einfachen, klaren Worten, daß du erwartest, daß sie die Sache unter sich ausmachen.
3. SETZ' DICH HIN UND WARTE. Vielleicht findest du es hilfreich, wenn du etwas liest oder dich sonstwie beschäftigst, während du wartest. Erinnere dich aber dabei daran, daß deine Anwesenheit dazu da sein soll, daß die Anwesenden ihr Problem ohne deine Hilfe lösen *können*. Dieser Schritt ist vielleicht der schwierigste für dich und für die anderen. Wir sind alle darauf konditioniert, anzunehmen, daß jemand, der älter ist, auch besser Bescheid weiß. So versuchen vielleicht jüngere

Leute, deinen Glauben an sie auf die Probe zu stellen, indem sie dich ständig um Hilfe bitten oder sich hartnäckig weigern, miteinander zu verhandeln. Die Tendenz, den Prozeß zu forcieren, andere zu überreden oder zu zwingen, kann in dieser Situation überstark werden. Aber gib nicht nach! Wenn die jungen Leute einmal verstanden haben, daß niemand das Problem für sie löst, werden sie die Sache selbst in die Hand nehmen.

4. IST EINE LÖSUNG ERZIELT, INTERVENIERE NICHT UND GIB KEINE WEITEREN WERTUNGEN AB. Dies ist eine Lernerfahrung: die Entdeckung, wie kompliziert Fairness und Versöhnung sein können - zwei wichtige Bestandteile verantwortlicher Beziehungen. Lob oder Tadel wird den Glauben der Beteiligten an sich beeinträchtigen, also ist es besser, keine Kommentare oder Urteile abzugeben, es sei denn, es handelt sich um Äußerungen des Vertrauens: »Ich wußte, daß ihr es schafft.« Selbst wenn du das Gefühl hast, daß eine der beiden Parteien übervorteilt oder manipuliert wurde, mußt du dir ins Gedächtnis rufen: Diese Lösung wurde von beiden Seiten erzielt; sie stimmen darin überein. (Wenn du den Eindruck hast, daß du noch einmal das Thema »Manipulation« ansprechen solltest, dann tu das in einem anderen Kontext und einer anderen Situation.)

*Das Virginia-Kreuz: A und B haben ein Problem*

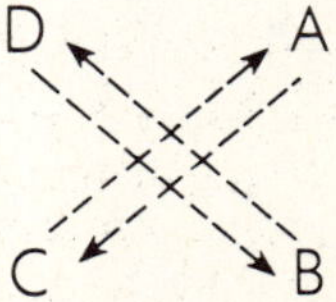


1. A spricht mit C und schildert das Problem so, wie es ihn betrifft. B und D hören zu, ohne einen Kommentar abzugeben.

2. C wiederholt die Aussage von A mit eigenen Worten, falls notwendig, ergänzt A. B und D hören zu.
3. B spricht mit D und schildert, auf welche Weise das Problem ihn betrifft. A und C hören zu, ohne einen Kommentar abzugeben.
4. D wiederholt die Aussage von B mit eigenen Worten, falls notwendig, ergänzt B. A und C hören zu.
5. A und B führen ihren Dialog fort auf der Grundlage der gemeinsamen Information. C und D hören sorgfältig zu und bieten, falls erwünscht, eigene klärende Anmerkungen.

Diese Methode kann auch umgekehrt werden. C und D sprechen über ihr Problem, A und B helfen bei der Klärung. Der Vorteil dieser Gesprächsanordnung besteht darin, daß aus einer Auseinandersetzung solche Themen wie »Wer schuldet wem etwas« oder »Wer hat wem etwas zu verdanken« herausgehalten werden.

---

**Anmerkungen**

1. Siehe *Sidney B Simon, Leland W. Howe und Howard Kirschenbaum,* a.a.O., S. 304-305
2. Dieses Spiel haben wir von Sandra Cangiono gelernt bei einem Workshop in der Abington Friends School, Pennsylvania
3. *Robert C. Hawley und Isabel L. Hawley:* Observation Walk, in: Developing Human Potential (Amherst Mass., ERA Press, 1975), S. 44
4. *Robert C. Hawley und Isabel L. Hawley:* Mirroring Sequence, in: a.a.O., S. 50-51
5. Siehe: *Leland W. Howe und Mary Martha Howe:* Forced Choice Ladder, in: Personalizing Education, Values Clarification and Beyond (New York: Hart Publishing Col, 1975), S. 98-111

## Literatur*


Aktion Sühnezeichen/Friedensdienst/Aktionsgemeinschaft Dienst für den Frieden (Hrsg.): *Handbuch der Friedensarbeit.* Wuppertal, 1982

Bahr, Hans E./Seippel, Albrecht S. (Hrsg.): *Soziales Lernen. Gruppenarbeit für den Frieden.* Tb., Stuttgart, 1975

Bast, Roland: *Friedenspädagogik. Möglichkeiten und Grenzen einer Erziehung zum Frieden.* Düsseldorf, 1982

The Boston Women's Health Book Collective (Hrsg.): *Unsere Kinder - unser Leben. Ein Handbuch von Eltern für Eltern.* Tb., Reinbek, 1983 (zuerst: New York, 1978)

Boulding, Elise: *The Personhood of Children.* Philadelphia, 1975

Carmichael, Carrie: *Nonsexist Child Raising.* Boston, 1977

The Ecumenical Task Force on Christian Education for World Peace: *Try This: Family Adventures Toward Shalom.* Nashville, 1979

Faber, Adele/Mazlish, Elaine: *Liberated Parents/Liberated Children.* New York, 1974

Gaylin, Willard: *Feelings: Our Vital Signs.* New York, 1979

Gordon, Thomas/Gordon Sands, Judith: *Familienkonferenz in der Praxis.* Hamburg, 1978. Reinbek, 1983 (zuerst: New York, 1978)

Greenberg, Selma: *Right from the Start: A Guide to Nonsexist Child Rearing.* Boston, 1979

Haessly, Jacqueline: *Peacemaking: Family Activities for Justice and Peace.* New York, 1980

Heitkämper, Peter: *Friedenserziehung als Lernprozeß*. Heilbrunn, 1976

Howell, Mary C.: *Helping Ourselves: Families and the Human Network.* Boston, 1975

Jackins, Harvey: *The Human Side of Human Beings: The Theory of Re-Evaluation Counseling.* Seattle, 1965

Judson, Stephanie (Hrsg.): *A Manual on Nonviolence and Children.* Philadelphia, 1977

Montessori, Maria: *Kinder sind anders.* Stuttgart, 10. Aufl. 1978. Tb. Berlin, 1983 (zuerst: Mailand, 1950)

Nähring, Hannelore: *Friedenserziehung. Analyse friedenspädagogischerLiteratur und theoretische Grundlegung für die Planung von Curricula zur Friedenserziehung.* Hamburg, 1977

Nolting, Hans-P.: *Lernschritte zur Gewaltlosigkeit. Ergebnisse psychologischer Friedensforschung. Wie kollektive Gewalt entsteht - was man dagegen tun kann.* Tb., Reinbek, 1981

Orlick, Terry: *The Cooperative Sports and Games Book. Challenge without Competition.* New York, 1978

Orlick, Terry: *The Second Cooperative Sports and Games Book. Challenge without Competition.* New York, 1982; dt. *Kooperative Spiele. Herausforderung ohne Konkurrenz.* Weinheim, 2.Aufl. 1984

Pape G. (Hrsg.): *Den Frieden erklären. Mit Kindern Frieden lernen und erfahren.* Gelnhausen, 1983

Pfundtner, Raimund: *Wer nicht fragt, kommt um. Orientierungshilfen für junge Leute zu Fragen der Abrüstung und Friedenssicherung.* Wuppertal, 1982

Rogers, Carl: *Entwicklung der Persönlichkeit. Psychotherapie aus der Sicht eines Therapeuten.* Stuttgart, 4. Aufl. 1982

Satir, Virginia: *Selbstwert und Kommunikation. Familientherapie für Berater und zur Selbsthilfe.* München, 5. Aufl. 1982 (zuerst: Palo Alto, 1972)

Simon, Sidney B./Howe, Leland W./Kirschenbaum, Howard: *Values Clarification: A Handbook of Practical Strategies for Teachers and Students.* New York, 1972

Simon, Sidney B./Olds, Sally Wendkos: *Familientraining. Werte erklären - Entscheiden lernen.* München, 1978 (zuerst: New York, 1977)

Scherrer, Wennemar: *Den Frieden leben lernen. Der Sarvodaya-Weg Mahatma Gandhis. Ein Beitrag zur Friedensarbeit und Friedenserziehung.* München, 1984

Stern, Annemarie/Hüfner, Agnes (Hrsg.): *Her mit dem Leben. Illustriertes Arbeitsbuch für Abrüstung und Frieden.*

*Darin ein Kapitel »Eine schöne 'Raubtierfamilie'. Kinder- und Jugendbeeinflussung zum militärischen Denken«. Oberhausen, 1980*

*Winn, Marie: Die Droge im Wohnzimmer*. Reinbek, 1979 (zuerst: New York, 1977)

Wulf, Christoph (Hrsg.): *Kritische Friedenserziehung*. Frankfurt, 1973

Wulf, Christoph (Hrsg.): *Friedenserziehung in der Diskussion*. München, 1973

Zink, Jörg: *Wie übt man Frieden? Über den Umgang mit dem Bösen und die Liebe zum Feind*. Stuttgart, 1982

*) Die amerikanische Literatur wurde ergänzt um die derzeit wichtigsten deutschen Bücher und Übersetzungen.

**Mein besonderer Dank gilt**

Penni Eldredge-Martin. Sie war zwei Jahre lang meine aufgeschlossene und tatkräftige Ko-Organisatorin des Programms für gewaltfreie Kindererziehung. Ich danke ihr für die Gemeinschaft und ihre harte Arbeit, die Prinzipien der Gewaltfreiheit zu entwickeln, umzusetzen und zu lehren; und vor allem dafür, daß sie die Kapitel drei und acht von Teil eins geschrieben hat: Über die Begegnung der Generationen und über Problemlöse-Verhalten.

Anne Toensmeier. Sie war Workshop-Leiterin und hilfreiche Freundin. Ich danke ihr für ihre Klarheit, ihr Engagement und ihre Wärme, die Erkenntnisse aus dem Nonviolence and Children-Program zu vermitteln; insbesondere für ihren Beitrag über die Organisation von Arbeitskreisen im Teil zwei.

Leland und Mary Martha Howe sowie Ed und Nila Betof. Sie haben wesentliche Beiträge geleistet auf dem Gebiet der humanistischen Erziehung; sie haben uns durch ihr Engagement, ihr klares Denken und ihre dynamische und kluge Art zu unterrichten, inspiriert und unterstützt.

Milly Daniel und Wendy Wolf. Sie waren meine Lektorinnen. Ich danke ihnen dafür, daß sie mir durch ihre Einsichten und ihr gutes Beispiel zu neuen Erkenntnissen verholfen und besondere Unterstützung gegeben haben; bedanken möchte ich mich bei Mary DeVellis für ihre Sensibilität und Intuition bei der Herausgabe dieses Buches.

Den Kommitee-Mitgliedern des Nonviolence and Children-Programs, das aus dem Friend Peace Commitee des jährlichen Philadelphia-Treffens der Religious Society of Friends entstand; ich danke ihnen dafür, daß sie mir als Ausschußmitglied die Möglichkeiten und Unterstützung gaben, im Geist der Affirmation – der Bestätigung und Bekräftigung – zu arbeiten, zu lernen und mich weiterzuentwickeln.